Akal Clásicos de la Filosofía 1

AF218288

Diseño interior y cubierta: RAG
Imagen de cubierta: Tavo Montañez

Título original
Grundlegung zur Metaphysik der Sitten

© Ediciones Akal, S. A., 2024
Sector Foresta, 1
28760 Tres Cantos
Madrid - España
Tel.: 918 061 996
Fax: 918 044 028
www.akal.com

ISBN: 978-84-460-5543-3
Depósito legal: M-9.202-2024

Impreso en España

IMMANUEL KANT

FUNDAMENTACIÓN DE LA METAFÍSICA DE LAS COSTUMBRES

Edición y traducción
Manuel Sánchez-Rodríguez

Editor y traductor de la presente edición, es Profesor Titular de Filosofía en la Universidad de Granada. Experto en el pensamiento de Leibniz y Kant, y coordinador de proyectos del Plan Estatal para la edición y la traducción de sus obras, como *Leibniz en español* (2019-2022) y *Edición y traducción de las Críticas de Immanuel Kant*. Ha traducido *Lecciones de Antropología de Kant* (2015), *Kant y la cuestión de las razas* (2021, con Natalia A. Lerussi), *Ciencia general y enciclopedia de Leibniz* (2023, con Oscar Esquisabel), y es autor de *Sentimiento y reflexión en la filosofía de Kant* (2010).

ARGENTINA / ESPAÑA / MÉXICO

ESTUDIO INTRODUCTORIO

La *Fundamentación de la metafísica de las costumbres* de Immanuel Kant se publicó en 1785. Es su primera obra centrada en la moral, aunque las reflexiones sobre este ámbito están presentes en su desarrollo intelectual desde mediados de la década de 1760. Es uno de los escritos más leídos, traducidos y comentados del pensador alemán. Cuatro años después de la publicación de la monumental *Crítica de la razón pura* (1781) y tres años antes de la más amplia y compleja *Crítica de la razón práctica* (1788), la *Fundamentación* es una obra excepcional. En apenas 80 páginas, en un estilo más accesible y popular que en las obras señaladas, Kant lleva a cabo un proceso de aislamiento crítico, elucidación y justificación del que a su juicio es el principio supremo de la moralidad.

Este breve ensayo detenta una especial significación desde múltiples perspectivas. Representa, por un lado, un avance en la empresa intelectual emprendida por Kant en 1781 con la publicación de la primera de las *Críticas*. Tras una recepción por el público erudito que le resultó decepcionante, y las primeras reacciones y objeciones a los principios de su filosofía, en la *Fundamentación* Kant pone a prueba la efectividad de su crítica de la razón pura para la solución de uno de los problemas principales que puede presentársele a la razón humana: la comprensión de la moral. Si hasta entonces esta crítica había desempeñado una labor negativa, al rechazar la legitimidad de cualquier conocimiento teórico que pretendiese aventurarse más allá de los límites de la experiencia, el propio Kant interpretaba desde el principio esta restricción en clave positiva, como condición de posibilidad de una construcción futura del ámbito de la moralidad. La primera *Crítica* había desbrozado el terreno para la constitución de este nuevo ámbito, procedente de una legislación de la razón diferente de la teórica, pero es en la *Fundamentación* donde hallamos por primera vez una exposición sistemática de los primeros pilares del edificio moral de Kant.

Una filosofía moral como la que propondrá, presuntamente ajena a la experiencia y al conocimiento de cualquier tipo de objeto, bien podía provocar una perplejidad semejante tanto entre los expertos en ética del mundo académico actual como entre «los moralistas» de finales del siglo XVIII a quienes Kant se dirige explícitamente en la obra. A este respecto, si la *Fundamentación* fuese una obra obsoleta o superada por el hecho de defender que la moral se funda por entero en la razón *pura,* es decir, por no querer saber nada de cómo es el mundo a la hora de definir la naturaleza y hasta la posibilidad de la moral, entonces tendríamos que reconocer que la obra nació ya con tal obsolescencia. Pues la convicción de que la filosofía moral tenía que servirse de los estudios empíricos, una vez que se reconoce que la decisión moral no es ajena a las inclinaciones, los sentimientos y los intereses que existen efectivamente en el mundo, no es sólo una característica de los enfoques éticos actuales, sino que ya estaba presente en el mismo ambiente intelectual en el que irrumpió la *Fundamentación*. Esto nos invita a leer la obra no tanto como un pensamiento que ha quedado anticuado, sino en su radical actualidad. Pues la defensa en Kant de la pureza en la moral, es decir, de que la razón sólo puede ser práctica y tener por tanto una dimensión moral si ella puede determinarse a obrar enteramente por sí misma, no es en absoluto el resultado de una inmadurez del devenir histórico y por tanto de una excusable ingenuidad. Y es que ya en 1785 Kant se dirigía contra quienes «pretenden haber mirado en la esencia de las cosas con más profundidad y, por eso, osan declarar la imposibilidad de la libertad» (*Fundamentación*, AA 4: 459)[1]. Y frente a estos, ya en el momento de la publicación de la obra había de aparecer como una extrañeza la idea de una razón *pura*. Así pues, no se trata de una oposición entre un pensamiento clásico ya superado y un presente que presuntamente ha descubierto el modo de resolver técnicamente problemas morales, sino de la oposición entre dos maneras de comprender el mundo moral y las condiciones normativas que definen la posibilidad de una acción racional en este.

Lo mismo podría pensarse de la convicción de Kant de que la moral no tiene que ver inmediatamente con la promoción o el fomento de la felicidad, ni individual ni general. De especial interés son estas páginas para reflexionar sobre la relación de su filosofía con lecturas alternativas del significado y el alcance de la Ilustración, en las que es fundamental la vinculación entre conocimiento y felicidad. Suele presentarse a este pensador como ejemplo paradigmático de este movimiento histórico, cultural y político que es la Ilustración, pero es importante apreciar que su defensa de una posición ilustrada es indisociable de la revisión crítica de otras lecturas alternativas de la Ilustración que él consideraba erradas. Su posición en relación con estos problemas no sólo tiene interés histórico, sino que sigue teniendo vigencia para nuestra reflexión acerca de la naturaleza de la moral y su relación con otros aspectos relevantes de la vida humana, como la búsqueda y el fomento de la felicidad.

---

[1] Las obras de Kant serán citadas según la edición de la Academia de las Ciencias (= AA): Immanuel Kant, *Kant's gesammelte Schriften*, ed. de la Königlich Preußischen Akademie der Wissenschaften und ihren Nachfolgern, Berlín y Leipzig, 1900 y ss., indicando volumen y número de página. Los pasajes de la *Fundamentación* también se citarán de este modo, dado que esta paginación canónica está indicada en la presente edición.

Sin embargo, no es posible ni pertinente un tratamiento en profundidad de los múltiples lugares de interés a los que pueda llegarse a través de estas páginas. De entre los infinitos caminos que pueden transitarse en cualquiera de las obras de Kant, cada lector elegirá en cuáles adentrarse. El objeto de este estudio introductorio es exponer una contextualización general de los principales temas tratados en la obra y de las relaciones históricas que más visiblemente confluyen en ella, con el objeto de acercar al lector a una comprensión preliminar del texto.

ANTECEDENTES Y NACIMIENTO DE LA OBRA

Aunque la *Fundamentación* es la primera obra sobre filosofía moral de Kant, encontramos referencias de sus proyectos sobre esta temática desde mucho antes. A finales de 1765 Kant le habla a Lambert de unos próximos «Principios metafísicos de la filosofía práctica» (*A Lambert*, 31 de diciembre de 1765, AA 10: 56), y en la primavera de 1767 le comunica a Herder que se encuentra trabajando en una «Metafísica de las costumbres», como resultado de su interés por definir los límites de las «capacidades e inclinaciones humanas» (*A Herder*, 9 de mayo de 1767, AA 10: 74). No es posible profundizar en el punto de partida, los métodos y los posibles contenidos de estos proyectos, pero sí sabemos que en el informe mediante el que Kant anunciaba sus lecciones en la Universidad de Königsberg en 1765 encontramos una posición declaradamente afín a la de los moralistas anglosajones, como el Conde de Shaftesbury (1671-1713), Francis Hutcheson (1694-1746) y David Hume (1711-1776), quienes, según él, habrían llegado más lejos que nadie en la investigación de los primeros principios de la moralidad. Al menos en lo que respecta a sus lecciones, Kant declara que examinará «de modo histórico [esto es, empírico] y filosófico *lo que ocurre*, antes de mostrar lo que *debe ocurrir*, mediante un estudio de la «naturaleza del ser humano y las condiciones de su perfectibilidad» (AA 10: 311).

En principio, nada más alejado de la posición alcanzada en la *Fundamentación*, donde Kant defenderá, tanto en el orden de la fundamentación como de la investigación, la prioridad de una filosofía moral pura con respecto a cualquier estudio empírico de naturaleza psicológica o antropológica. La influencia del empirismo y de la filosofía del *common sense* y el sentimiento moral de procedencia anglosajona encuentra un punto crítico de inflexión en la disertación inaugural de 1770, *Sobre la forma y los principios del mundo sensible e inteligible*. En septiembre de ese año Kant le habla por carta al mismo Lambert de sus investigaciones sobre filosofía moral, «en las que no se hallan principios *empíricos* algunos», lo cual le permitiría componer una «metafísica de las costumbres» (*A Lambert*, 2 de septiembre de 1770, AA 10: 97). Esta exposición de los principios puros de la moralidad, en la que no deben intervenir elementos empíricos, la encontramos de nuevo en los esbozos de la obra que Kant planeaba publicar tras su disertación y que nunca vería la luz, a saber, *Los límites de la sensibilidad y de la razón*. Pero esto no significa que Kant niegue en este contexto la pertinencia de un estudio del ser humano, en particular de su *sensibilidad*, sino más bien su convencimiento de que la fundamentación de los primeros principios de la metafísica de las costumbres debe *diferenciarse* nítidamente de otra investigación, específicamente diferente, y en la que sí sería posible y hasta necesario atender a las condiciones empíricas que parecen concurrir en la acción[2]. En su propia descripción del proyecto de *Los límites*, sigue defendiendo que a la parte intelectual han de *precederle* los «principios generales del sentimiento, del gusto y de los deseos sensibles» (*A Herz*, 21 de

---

[2] Véase a este respecto Manuel Sánchez-Rodríguez, *Sentimiento y reflexión en la filosofía de Kant. Estudio histórico sobre el problema estético*, Hildesheim y otros, Olms, 2010, pp. 55-76.

febrero de 1772, AA 10: 129), que han de tratarse como específicamente diferentes de los principios puros de la moral. La razón de esta inclusión de lo sensible en el proyecto se encuentra en sintonía con el espíritu que movía su reflexión en la década de 1760, cuando su pensamiento se encontraba bajo la influencia de la filosofía empirista anglosajona, pero a principios de la década de 1770 es su propia teoría del conocimiento sensible expuesta en su disertación inaugural la que le ofrece un fundamento teórico para su reflexión[3]. El interés actual de Kant por aislar las fuentes intelectuales o puras de la moral, en una metafísica de las costumbres, no está reñido con su reconocimiento de que es necesario atender a la sensibilidad de la naturaleza humana si se quiere entender la *aplicabilidad* de la moralidad en la naturaleza y en la sociedad. A este respecto adquiere una clara relevancia el papel que le adscribe a su nueva antropología pragmática, sobre la que dicta clases a partir del semestre de invierno de 1772/1773: «Al carecer del conocimiento mundano [propio de la antropología pragmática], muchas ciencias prácticas no han tenido resultados, como ocurre, por ejemplo, en la Filosofía Moral». Una compleja red de materiales procedente de los apuntes de los estudiantes que asistían a estas lecciones y de las notas manuscritas de Kant en este periodo atestigua que estaba convencido de que los principios de la moral debían ser independientes de la experiencia, pero evidencia a la vez su convencimiento de que sin un estudio empírico que atienda a la naturaleza sensible del ser humano no es posible entender la posibilidad de su aplicación, comunicación o enseñanza en la realidad[4]. A este respecto, Kant piensa que un principio de origen intelectual, que tenga su fuente en la mera razón pura, no puede *por sí mismo* tener un influjo so-

---

[3] Cfr. *ibid.*, pp. 23-54.
[4] Véase a este respecto Manuel Sánchez-Rodríguez, «Estudio introductorio», en Immanuel Kant, *Lecciones de antropología. Fragmentos de estética y antropología*, Granada, Comares, 2015, pp. XX-XXVI.

bre la acción efectiva del ser humano si no es a través de algún tipo de mediación con la sensibilidad. Se trata de la diferencia entre un principio del enjuiciamiento (*principium dijucationis*), que sirve a la determinación de qué sea lo bueno o lo correcto, y un principio de la ejecución (*principium executionis*), que elucida el modo como este principio puede ser práctico o tener aplicación en la realidad. La posición de Kant con respecto a la relación entre ambos aspectos de nuestra comprensión de la moralidad estará sometida a variaciones hasta la *Fundamentación*, donde es una tesis fundamental que la razón pura puede determinar por sí misma la voluntad del ser humano.

La *Crítica de la razón pura*, publicada en 1781, no parece contemplar la necesidad de una *crítica* específica de la razón pura *práctica*, que antecediese a la *Metafísica de las costumbres*. Más bien, para Kant, la misma crítica de la razón pura que se expone en esta obra homónima parece servir suficientemente de fundamentación de su nueva metafísica, ya sea la metafísica de la naturaleza como la metafísica de las costumbres (A 841 / B 869). De hecho, Kant sigue pensando que el tratamiento de la moral exige atender, junto a los principios supremos de la moralidad, a los conceptos de placer y displacer, de los deseos e inclinaciones, etc., «los cuales en su conjunto son de origen empírico» (*Crítica de la razón pura*, A 15), y esta es la razón por la que el tratamiento de las cuestiones morales no puede formar parte de la nueva filosofía trascendental, entendida como crítica de la razón pura. Según Kant, a la filosofía moral le bastaría con una crítica de la razón pura *teórica*, que, al lograr una restricción de las pretensiones del conocimiento especulativo propio de las ciencias y la teología, dejaría libre e indeterminado un espacio exclusivo que ulteriormente podría ser dedicado para la construcción de la metafísica de las costumbres, sobre los pilares de los principios puros de la moralidad. La existencia misma de la *Fundamentación*, donde hallamos una crítica específica de la razón *práctica* pura que ahora se juzga como innecesaria, significa que en algún momento entre 1781 y 1785 Kant cambió de opinión.

La primera noticia relativa a la futura *Fundamentación de la metafísica de las costumbres* tiene lugar en 1782. En la correspondencia del filósofo Johann Georg Hamann (1730-1788) encontramos un seguimiento de la cuestión, en el que la información sobre el inicio y la marcha de la futura obra se entremezcla con cambiantes e inciertas declaraciones o suposiciones sobre su naturaleza e intención. Por esta razón, esta información tiene relevancia histórica, pero no puede ser adoptada sin más como un testimonio fidedigno a partir del cual construir nuestra interpretación de la cuestión.

El 11 de enero de ese año Hamann escribe una carta a Hartknoch, quien a la postre sería el editor de la obra, en la que le cuenta que Kant ha retomado su trabajo dedicado a una metafísica de las costumbres[5]. El propio Kant le comunica a Moses Mendelssohn en agosto de 1783 que se ocupa con la «primera parte» de su moral (*A Mendelssohn*, 16 de agosto de 1783, AA 10: 346).

Las declaraciones de Hamann apuntan desde el principio a la motivación de la nueva obra. Según este, esta habría nacido con el objeto de servir como una contracrítica a Christian Garve (1712-1798)[6]. Kant había descubierto que Garve era el autor de una reseña anónima dirigida contra

---

[5] Johannes Georg Hamann, *Briefwechsel*, 7 vols., ed. de Walther Ziesemer y Arthur Henkel, Wiesbaden, Insel-Verlag, 1955-1979, vol. 4, p. 364.

[6] *Ibid.*, vol. 5, pp. 123, 129 y s. Sobre la relación de Kant con Garve, véase Klaus Reich, *Kant und die Ethik der Griechen*, J. C. B. Mohr, Paul Siebeck, 1935. Véase también Carlos Melches Gibert, *Der Einfluß von Christian Garves Übersetzung Ciceros «De Officiis» auf Kants «Grundlegung zur Metaphysik der Sitten»*, Ratisbona, Roderer Verlag, 1994; Manfred Kuehn, *Kant: A Biography*, Cambridge, Cambridge University Press, 2001, pp. 277-283 [ed. cast.: *Kant. Una biografía*, Madrid, Akal, 2024, pp. 397-405]; Eduardo Molina, «Kant y el ideal del sabio», *Ideas y valores* 62 (2013), pp. 171-183; Stefanie Buchenau, «Human Dignity: The Garve-Kant Controversy», en Andree Hahmann y Stefan Klingner (eds.), *Kant and Eighteenth-Century German Philosophy*, Berlín y Boston, De Gruyter, 2023, pp. 237-258.

la primera *Crítica*, aparecida en la *Allgemeinen Deutschen Bibliothek* en 1783. Un año más tarde Hamann matiza esta declaración: «La contracrítica no estará dirigida inmediatamente a la recensión de Garve, sino propiamente a su *Cicerón*»[7]. Poco después escribe: «Kant trabaja muy concentrado en la completitud de su sistema. La contracrítica acerca del *Cicerón* de Garve se ha transformado en pródromo de la moral»[8]; y más adelante: «Kant trabaja en un pródromo de su metafísica de las costumbres»[9]. Con ello, encontramos por primera vez una referencia explícita a una obra preliminar o introductoria, tal como es en efecto la *Fundamentación* con respecto a la futura *Metafísica de las costumbres*, que Kant no llegará a publicar hasta 1797-1798. También hallamos la relación del proyecto con el *Cicerón* de Christian Garve. Este último había traducido la obra de Cicerón (106 a.C.-43 a.C.) *De officiis* (*Acerca de los oficios*)[10], que había acompañado de un amplio comentario, donde exponía y adaptaba la filosofía de la estoa a las nuevas circunstancias políticas y filosóficas de la Alemania del siglo XVIII. Como veremos en la siguiente sección, la relación histórica de Kant con la obra de Garve y la filosofía estoica es uno de los elementos que configuran el ambiente intelectual que sirve de trasfondo a la *Fundamentación*, pero no el único. Podemos constatar, ciertamente, que existe una parcialidad en la información de que disponemos para reconstruir el proceso de nacimiento de la obra, debido principalmente a la ausencia casi completa de testimonios directos por parte del propio Kant. Esta información parcial, que es ofrecida desde una perspectiva determinada, es además incierta y confusa[11]. Esto puede resultar-

---

[7] Hamman, *Briefwechsel*, op. cit., vol. 5, p. 134.
[8] *Ibid.*, p. 147.
[9] *Ibid.*, p. 176.
[10] Christian Garve, *Philosophische Anmerkungen und Abhandlungen zu Ciceros Büchern von den Pflichten*, 3 vols., Breslau, Korn, 1792.
[11] Tal como han mostrado de un modo convincente los editores de la edición de Meiner, Bernd Kraft y Dieter Schönecker, en «Einleitung», en

nos insuficiente, pero atenernos a estos límites siempre puede ser más prudente que tomar la parte por el todo y juzgar que la influencia del *Cicerón* de Garve en la *Fundamentación* es la clave que agota todo el contexto histórico de la obra al que debemos atender[12]. De hecho, las declaraciones explícitas, las insinuaciones y las resonancias implícitas en el texto de la *Fundamentación* bien nos invitan a leer la obra desde una perspectiva más amplia.

En una carta de Christian Gottfried Schütz a Kant del 23 de agosto de 1785, el primero parece responder a la declaración previa de este sobre la próxima publicación de la obra, en una carta que no se conserva (*De Schütz a Kant*, AA 10: 396). El título final aparece por primera vez en una carta de Hamann a Scheffner del 19 de septiembre de 1784, donde además se dice que el manuscrito ha sido enviado a la imprenta[13]. Las primeras copias del libro las recibe Kant el 8 de abril de 1785.

CONTEXTO HISTÓRICO

Christian Wolff y la filosofía práctica universal

En el prólogo mismo de la obra Kant expresa su temor de que se interprete su proyecto como el de un wolffiano, de tal modo que no haría más que redundar en lo que se conoce como la filosofía práctica universal: «Pero que nadie se pien-

---

Immanuel Kant, *Grundlegung zur Metaphysik der Sitten*, Hamburgo, Meiner, 2016, pp. VII-XXIV, especialmente p. IX n. 17.

[12] Esta parece ser la perspectiva adoptada por otras ediciones de esta obra, como José Mardomingo, «Estudio preliminar», en Immanuel Kant, *Fundamentación de la metafísica de las costumbres*, ed. bilingüe y trad. de José Mardomingo, Barcelona, Ariel, 1996, pp. 7-100. Así lo insinúa también Roberto R. Aramayo, «Estudio preliminar», en Immanuel Kant, *Fundamentación para la metafísica de las costumbres*, ed. y trad. de Roberto R. Aramayo, Madrid, Alianza, 2002, p. 20 n. 18.

[13] Hamann, *Briefwechsel*, op. cit., vol. 5, p. 222.

se ahora que lo que aquí se exige lo tenemos ya en la propedéutica del célebre Wolff a su filosofía moral, a saber, en lo
que él llama *filosofía práctica universal,* y por lo tanto que
aquí no se estaría cubriendo un territorio completamente
nuevo» (AA 4: 390). La precaución de Kant estaba justificada.
En la sección de la obra titulada «División de todos los principios posibles de la moralidad a partir del concepto fundamental de la heteronomía adoptado» (AA 4: 441-445) some-
tía a examen todos los caminos alternativos que habían sido
tomados en el pasado por los teóricos de la moral, con an-
terioridad al criticismo. Junto a quienes fundan la moral en el
sentimiento físico (epicureísmo y hobbesianos) y en el sentimiento moral (estoicismo y filosofía del *common sense*), están quienes se basan en el principio *racional* de la *perfección,*
es decir, Christian Wolff (1679-1754) y sus seguidores. Una
obra como la que Kant presentaba, en la que se rechazaba la
posibilidad de una fundamentación empírica de la ley moral, parecía situarse por sí misma en la posición filosófica que
ocupaba ya el racionalismo wolffiano. Para Kant estaba claro
que la moral no podía basarse en el sentimiento del «amor
propio» en torno al cual el epicureísmo pretendía construir
su concepción moral (AA 29: 621), pues la moralidad no sólo
es diferente del agrado en que pretenden basar la acción los
epicúreos, sino que al cumplimiento de lo moralmente correcto lo acompaña incluso un «quebranto a mi amor propio» (AA 4: 401). Y si había de elegir entre atender al sentimiento moral del nuevo estoicismo o al concepto racional
de la perfección de los wolffianos, Kant expresaba con claridad sus preferencias: «Pero si yo tuviera que elegir entre el
concepto del sentido moral y el de la perfección como tal [...],
entonces me decantaría por el último» (AA 4: 443). Kant
está convencido de que sólo su propia filosofía consigue dar
cuenta correctamente de la esencia de la moral, y este aparta-
do de la obra sirve a tal cometido; pero no es menos cierto
que está reconociendo aquí que, de entre las diferentes alternativas para la comprensión de la moral, tiene una ma-

yor cercanía con respecto a la filosofía práctica universal de Wolff[14].

Kant conocía bien la filosofía práctica de este, si bien principalmente por mediación de Alexander Baumgarten (1714-1762), cuyo *Initia philosophiae practicae acroamatice* de 1760 le servía de manual para sus lecciones de filosofía moral, y presumiblemente también de la *Allgemeine practische Weltweisheit* (1764) de Georg Friedrich Meier (1718-1777), un discípulo de Baumgarten. La filosofía práctica universal se presenta como una especie de metafísica práctica de tipo propedéutico, en la medida en que se centra en los predicados universales que se presuponen en *todas* las disciplinas prácticas. La filosofía moral es una de estas disciplinas, por lo que en última instancia comparte fundamentos con las demás, a saber, el derecho y la política.

El concepto de la perfección le permitía a Wolff ofrecer una explicación de la acción en los seres racionales. Algunas acciones tienden a nuestra perfección, otras a nuestra imperfección; la sensación de la perfección provoca en nosotros un placer, mientras que la sensación de la imperfección, un displacer. Los afectos son modificaciones de este placer o displacer que acompaña a la acción. Esta concepción racionalista y naturalista nos permite entender la ley de la obligación, pues nuestras acciones deben estar dirigidas a maximizar la perfección tanto de nosotros mismos como de los otros. De este modo, el fundamento de la posibilidad de la obligación de una acción se basa en la orientación natural de la voluntad hacia lo bueno, así entendido[15]. A la vez, esto le permite a Wolff apelar en la explicación de la acción moral al mismo

---

[14] Sobre la influencia de Wolff en la filosofía moral de Kant, véase el imprescindible Clemens Schwaiger, *Kategorische und andere Imperative. Zur Entwicklung von Kants praktischer Philosophie bis 1785*, Stuttgart-Bad Cannstatt, Frommann-Holzboog, 1999.

[15] Véase, por ejemplo, Christian Wolff, *Psychologia empirica, methodo scientifica pertractata*, en *Gesammelte Werke*, II.5, ed. de Jean École, Hildesheim, Olms, 1962, [1]1738, § 579.

principio fundamental común a *todos* los acontecimientos naturales, a saber, el principio de razón suficiente: si toda acción se basa en la naturaleza del ser humano y el principio de la acción es inmanente a la voluntad, esto significa que para el ser humano existe una obligación cuando en la naturaleza de la voluntad hay una razón suficiente para la acción[16]. Así pues, según Wolff, el ser humano *se da a sí mismo la ley* a partir de la representación de lo bueno, con independencia de cualquier otro fundamento de la acción más allá de la calidad moral de esta[17]. El principio de razón suficiente le permite a Wolff adelantar cierta concepción de la acción *autónoma* y racional, en tanto que basada en la propia representación que el sujeto tiene de lo que determina a la razón: dado que podemos reconocer racionalmente lo que la ley de nuestra naturaleza quiere, un ser humano racional no necesita ninguna ley adicional, sino que «él mismo es una ley para sí mismo por mediación de la razón»[18].

Esta concepción de la acción nos recuerda a alguna de las formulaciones que hallaremos en la *Fundamentación,* donde Kant sostiene que el ser humano se da a sí mismo la ley en virtud de su representación de la universalidad de esta y, por lo tanto, de su valor moral. Con todo, el propio Kant juzga que la filosofía de Wolff sitúa el principio de la acción en la heteronomía y, por lo tanto, niega lo específico de la acción moral. En efecto, para Wolff el ser humano es ley para sí mismo, pero en tanto que se representa en sí mismo lo que la voluntad quiere *en virtud de su propia naturaleza* y de la razón suficiente que reside en su esencia. Es así como Wolff puede

---

[16] Cfr. *ibid.,* § 129.

[17] Cfr. Christian Wolff, *Vernünfftige Gedancken von der Menschen Thun und Lassen,* en *Gesammelte Werke,* I.4., ed. de Jean École, Hildesheim, Olms, 1962, ¹1733, § 38; véase a este respecto Dieter Hüning, «"These Objections are Therefore Nothing But Misunderstandings". Kant's Critique of Garve in His Essay *On the Common Saying*», en Andree Hahmann y Stefan Klingner, *Kant and the Eighteenth-Century,* op. cit., pp. 261-278, p. 267.

[18] Cfr. Wolff, *Vernüfftige Gedancken,* op. cit., § 24.

ofrecer una explicación de la moral como una acción determinada *en* la naturaleza, lo cual es toda una ventaja a este respecto frente a una propuesta moral como la de Kant, donde el hecho de que la razón se determine a sí misma y por sí misma significa propiamente que se determina con independencia de la naturaleza. En la *Fundamentación* Kant describe esta posición heterónoma, incompatible a su juicio con la esencia de la moralidad: «Si el objeto determina la voluntad [...] por mediación de la razón dirigida a objetos de nuestro posible querer como tal, en el caso del principio de la perfección, entonces la voluntad nunca se determina *inmediatamente* a sí misma a través de la representación de la acción, sino sólo mediante el motor que el efecto previsto de la acción provoca en la voluntad» (AA 4: 444), por lo que «es propiamente la naturaleza la que da la ley, a este respecto [...] y la voluntad no se da a sí misma la ley, sino que un impulso ajeno le da la ley a la voluntad, por medio de una naturaleza del sujeto acorde con su receptividad» (AA 4: 444). Estamos entonces ante una voluntad que carece de valor moral intrínseco e incondicionado, pues su bondad habrá de depender del objeto de su querer: dado que «se nos ha concedido la razón como facultad práctica, es decir, como una facultad que ha de tener influjo sobre la *voluntad,* entonces la verdadera vocación de la razón tiene que ser el producir una *voluntad buena,* pero no a propósito de algo otro, *como medio,* sino una *voluntad buena en sí misma*» (AA 4: 396).

Para Kant, el principal problema de la filosofía práctica wolffiana radica en que en esta la explicación de la acción a partir del concepto de la voluntad toma a esta última en un sentido general, sin atender a la determinación específica por la cual ella puede ser moral. Precisamente porque había de ser una filosofía práctica *universal,* nos dice en la advertencia del prólogo a que hemos aludido, «no tomaba en consideración una voluntad de una especie particular, tal como la que se determina sin ningún motivo empírico, completamente por principios *a priori,* y que podría llamarse una vo-

luntad pura» (AA 4: 390). Por lo tanto, según Kant, la filosofía práctica universal carece de determinación, porque no se
centra específicamente en los motivos de tipo moral, que entremezcla con otros motivos de una universalidad relativa,
en tanto que procedentes de generalizaciones empíricas. Esta
indeterminación de la voluntad en el tratamiento wolffiano
de la obligación se expresa en última instancia en la indeterminación del concepto mismo de perfección, pues «la perfección del ser humano no significa por sí misma moralidad» (AA 27: 265), tal como declara Kant en una lección de
filosofía moral de mediados de la década de 1770. La perfección es la completitud del ser humano en lo que respecta a
sus fuerzas y capacidades, con el objeto de llevar a cabo los
fines que se propone, mientras que la bondad es la cualidad de servirse bien de tales capacidades (AA 27: 265 y s.).
El concepto de perfección, por tanto, es indeterminado con
respecto al buen uso de este desarrollo de las capacidades
subjetivas.

Ahora bien, la impugnación de la filosofía práctica universal no es total. El problema con el wolffianismo no es tanto que se centre en la voluntad humana en general, sino que
en este análisis «no [se] diferencien los motivos que, como
tales, se representan enteramente *a priori,* meramente por la
razón, y que son propiamente morales […]; más bien, tratan
estos motivos sin atender a la diferencia de sus fuentes»
(AA 4: 391). De hecho, en la segunda sección de la *Fundamentación* Kant adopta provisionalmente el punto de partida del proceder wolffiano, al plantear la necesidad de «determinar toda la facultad de la razón práctica pura», es decir,
la voluntad en general, con el objeto de deducir de esta los
principios *puros* de la razón práctica a partir del «concepto
universal de un ser racional como tal» (AA 4: 412). Se trata
de una incursión en el campo de la metafísica de las costumbres que no descansa en presupuestos empíricos de ninguna índole, pero que sí se ve motivada por un presupuesto
presente en el enjuiciamiento moral común, al que Kant ha

hecho alusión en el inicio de la obra, y que es una marca distintiva del universalismo de su filosofía moral:

> todo el mundo tiene que admitir que si una ley debe valer moralmente, es decir, como fundamento de una obligación, entonces tiene que conllevar necesidad absoluta; y que un mandato como «no debes mentir» no tiene validez sólo para seres humanos, como si otros seres racionales no hubiesen de tenerlo en cuenta […]; por lo tanto: que aquí el fundamento de la obligación no tiene que buscarse en la naturaleza del ser humano ni en las circunstancias del mundo en que este se encuentra, sino *a priori*, únicamente en conceptos de la razón pura (AA 4: 389).

Muchos no estarán dispuestos a admitir que la ley «no debes mentir» tiene validez de manera irrestricta en cualquier circunstancia, sin que se tenga en cuenta cómo es el agente que debe cumplirla o el mundo en el que debe cumplirla. Más adelante volveremos sobre esto. Por ahora basta con señalar que Kant está sosteniendo que, si estamos obligados al cumplimiento de esta ley, es por nuestra capacidad de guiar nuestra acción *racionalmente;* es decir, reconocemos esta obligación no en tanto que seres humanos, mucho menos en tanto que seres humanos situados en unas circunstancias específicas en el mundo, sino sólo y exclusivamente en tanto que somos racionales. La convicción de que actuar moralmente significa fundamentalmente actuar por uno mismo, a partir de una determinación espontánea, y de que esta determinación debe ser pensada de algún modo como racional, es común a Kant y al leibnizianismo-wolffianismo. Pero el primero profundizará en esta concepción de la espontaneidad de un modo que superará los límites de esta corriente, tan influyente en su propio desarrollo intelectual. Si bien para Georg Wilhelm Leibniz (1646-1716) y para Wolff la acción moral tiene su origen en el modo como el sujeto actúa por sí mismo y desde sí mismo, esta acción tiene para esta corriente un fundamento suficiente, una causa previa, en tanto que se encuentra *determinada* por la naturaleza de este sujeto, por el modo como este es, y a su vez esta naturaleza se funda en última instancia en el modo como es el mundo en que este sujeto existe, en interrelación con el resto de las cosas que existen en este mundo. Para Kant, sin embargo, actuar de modo espontáneo consiste en actuar con independencia de cualquier fundamento suficiente externo, con independencia también de mi propia naturaleza. La acción moral, para ser tal, debe estar determinada por la racionalidad de un modo completamente *puro*. Ahora bien, ¿cómo es posible una razón práctica y pura, específicamente diferente de otras expresiones de la razón, como el conocimiento teórico, y absolutamente desligada del mundo en el que ha de existir el agente? La *Fundamentación* ha de ofrecer una respuesta a este problema, de cuya solución depende para Kant la posibilidad misma de la moralidad.

Garve y la filosofía moral popular

Con independencia de cuál sea la influencia efectiva de Christian Garve en la *Fundamentación*, e incluso si admitimos que en algún momento Kant se vio movido en el proceso de redacción de la obra por el propósito de someter a crítica y revisión las ideas del primero, como de tantos otros, lo cierto es que no es posible hallar en Kant ningún tipo de animadversión contra este pensador. Él mismo reconocía abiertamente su aprecio hacia Garve, a quien consideraba «un filósofo, en el verdadero sentido de la palabra» (*Metafísica de las costumbres,* AA 6: 206; véase también AA 8: 278 n.).

Garve empleaba fundamentalmente la traducción y el comentario de otros autores como vehículo para la articulación de sus propias ideas filosóficas. En 1772 había traducido y comentado los *Institutes of Moral Philosophy* de Adam Ferguson (1723-1816), a quien consideraba un genuino estoico. En 1783 traducirá y comentará la obra clásica de Cicerón, *De Officiis*. Con ocasión del comentario y el desarrollo de las ideas del pensador estoico latino, Garve lleva a cabo un intento de asimilación y transferencia de los conceptos clásicos de *honestas, dignitas* y *officium* en el contexto de la política, la economía y la sociedad civil de Alemania[19]. Puede admitirse que Kant participa de un amplio debate destinado a la adopción y reinterpretación del estoicismo en la filosofía moderna ilustrada[20]; sin embargo, para reconocer lo específico de su filosofía es necesario atender a las diferencias y los matices, que marcan precisamente la originalidad del criticismo en el ambiente intelectual de la época.

Uno de los elementos más reseñables en este contexto es la redefinición en Garve del concepto estoico de honor o de honra *(honestas/Ehre)* y de dignidad *(dignitas/Würde)*[21]. La honra no puede ser la prerrogativa de una clase social frente a las demás, como pretende la nobleza; más bien, es un privilegio que le corresponde esencialmente a todo ser humano. Sobre este fundamento, todo ser humano tiene la vocación *[Bestimmung]* de desarrollar sus facultades y de alcanzar una mayor perfección, lo cual encuentra su condición de posibilidad principal en la autoestima o el sentimiento del valor intrínseco de uno mismo: «el ser humano que haya de tener el poder de lograr y hacer algo, tiene que tenerse a sí mismo por *algo*. Sin una conciencia de su dignidad, no es posible para él ni la sublimidad sobre las cosas externas, ni una viva expresión de sus fuerzas»[22].

Esta vindicación de la autodeterminación personal descansa en el concepto fundamental de la libertad. Ya en su traducción de Ferguson de 1772 hallamos la constatación por

---

[19] Véase a este respecto Bucheneau, «Human Dignity: The Garve-Kant Controversy», op. cit., p. 238.

[20] *Ibid.*, p. 240.

[21] Véase Garve, *Philosophische Anmerkungen und Abhandlungen zu Ciceros Büchern von den Pflichten*, op. cit., vol. 1, pp. 250 y ss.

[22] *Ibid.*, vol. 1, p. 56.

parte de Garve de que la posibilidad de la libertad no puede establecerse o justificarse filosóficamente, por más que la validez de este concepto quede acreditada por la mera conciencia individual del mérito y de la culpa[23]. Sobre la libertad, lo único que podemos probar según Garve es nuestra incapacidad de fundamentarla. En la conclusión de la *Fundamentación*, y más tarde en la *Crítica de la razón práctica*, Kant expondrá una idea semejante: «Así pues, aunque no comprendamos la necesidad práctica incondicionada del imperativo moral, sí comprendemos su *incomprensibilidad*, que es todo lo que con justicia se le puede exigir a una filosofía que, en sus principios, aspira a llegar hasta los límites de la razón humana» (AA 4: 463).

Kant formaba parte en efecto del ambiente intelectual en el que las ideas procedentes del estoicismo servían de fundamento para la articulación conceptual y filosófica de la Ilustración. En la *Fundamentación* evalúa de modo más o menos explícito dos de las posiciones filosóficas de la Antigüedad que habían recorrido la filosofía moderna desde el siglo XVII: el epicureísmo y el estoicismo. Buena parte de las disputas en la filosofía práctica de la época pueden ser leídas como una toma de posición con respecto a alguna de ambas alternativas. La oposición frente a la filosofía política de Thomas Hobbes (1588-1679) era planteada frecuentemente en términos de un rechazo del epicureísmo que este representaba[24], cuando señalaba la importancia del *amor propio* o incluso del egoísmo como fundamento de su filosofía natural. Para los oponentes del epicureísmo, la moralidad no podía ser el resultado de un contrato de egoístas que optaban por

---

[23] Adam Ferguson, *Grundsätze der Moralphilosophie, übersetzt und mit einigen Kommentaren versehen von Christian Garve*, Leipzig, Dick, pp. 289 y ss.; sobre esta cuestión, véase Bucheneau, «Human Dignity: The Garve-Kant Controversy», op. cit., p. 244.

[24] Véase sobre esta cuestión Anthony Pagden, *The Enlightenment, and why it still matters*, Cambridge, Cambridge University Press, 2013, pp. 58-63.

asegurar racionalmente su propia conservación a través de un entendimiento interesado, sino el resultado natural de sentimientos morales, como se encargará de denunciar críticamente Samuel Pufendorf (1632-1694), para quien era inadmisible que la interacción humana pudiese explicarse meramente como el resultado de un cálculo egoísta. Por otro lado, procede de la filosofía estoica antigua la creencia general, presente en la Modernidad, de que todos los seres humanos comparten una naturaleza común y se encuentran vinculados por un sentimiento de autoestima y de pertenencia al otro, que en diferente grado se comparte con los allegados, con la comunidad con la que uno pueda convivir, o con la humanidad en su conjunto. Era de esperar así que el estoicismo y su recuperación en la Modernidad ofreciesen un fundamento filosófico para las diversas posiciones universalistas y humanistas desde el Renacimiento. Más allá de la exacta procedencia de estos elementos en cada una de las posiciones de la época, lo cierto es que las etiquetas de epicureísmo y de estoicismo se usaban para diferenciar entre los racionalistas y naturalistas de inspiración hobbesiana, de un lado, y quienes concedían un papel relevante al sentimiento moral, a la autonomía y a la dignidad intrínseca del ser humano, del otro[25].

Esta difusión del estoicismo en la Ilustración alemana se produce principalmente en el contexto de la nueva filosofía moral popular. La denominación general de «filosofía popular» sirve para designar un enfoque filosófico propio de la Ilustración alemana en la segunda mitad del siglo XVIII, y en el que podemos incluir figuras como Johann Georg Sulzer (1720-1779), Moses Mendelssohn (1729-1786), Johann August Eberhard (1739-1809), Johann Georg Heinrich Feder (1740-1821), Ernst Platner (1744-1818) o el mismo Garve. Los desarrollos de la filosofía leibniziano-wolffiana, la introducción del empirismo y de la filosofía del *common sense* de procedencia anglosajona, así como la difusión del pensamien-

---

[25] Cfr. *ibid.*, p. 61.

to de Cicerón, dieron lugar en Alemania a una reivindicación de la aplicabilidad de los conocimientos y de su acercamiento sensible a las diferentes expresiones de la nueva vida burguesa. Esto había de desembocar inevitablemente en una discusión sobre la propia naturaleza de la filosofía y su relación tanto con la experiencia como con otros ámbitos del saber diferentes. Y a este respecto puede hablarse de Kant como un autor estrechamente vinculado con esta corriente de pensamiento, y hasta como partícipe e impulsor de esta, pero fundamentalmente como un pensador crítico que revisará los fundamentos filosóficos, la legitimidad y el alcance de cada una de estas corrientes de pensamiento. A este respecto, la *Fundamentación* lleva a cabo una revisión de este nuevo estoicismo y de la filosofía moral popular presentes en la obra de Garve, pero no simplemente con el objeto de rechazar su validez: del mismo modo que Garve y los ilustrados habían reinterpretado el estoicismo clásico y se habían apropiado de sus conceptos, Kant pretende someter a examen la validez, el alcance y la legitimidad de esta nueva Ilustración, con el objeto de que el programa racionalista de organización de la vida y de la realidad, común a estoicos, filósofos populares y al propio Kant, no fracasara debido a sus propios excesos y contradicciones.

Uno de los problemas principales que Kant detectaba en la filosofía de Garve radicaba en su naturalismo empirista, común a buena parte de los filósofos morales populares. A pesar de que Garve reconocía la incapacidad de explicar la posibilidad de la libertad, esto no lo llevó, como podía esperarse coherentemente, según Kant, a concluir que entonces no es posible ilustrar la posibilidad del imperativo categórico, como la fórmula que expresa la ley moral, mediante elucidaciones de origen empírico y psicológico (*Sobre el dicho: esto puede ser correcto en la teoría, pero no vale para la práctica*, AA 8: 285). En efecto, un presupuesto fundamental del *Cicerón* de Garve era que la moralidad tiene que encontrar su fundamento en la naturaleza humana, la cual podemos y debemos estudiar empíricamente. Para determinar y aclarar tanto nuestros deberes como la corrección de nuestras acciones, tenemos que atender a la naturaleza humana, con el objeto de entender mejor nuestras capacidades e inclinaciones, pero también para no perder de vista la conformidad esencial entre virtud y felicidad. Esta conformidad entre la moralidad y la felicidad es un presupuesto fundamental del estoicismo, presente en el comentario de Garve, y que es rechazada frontalmente por Kant, «ya que ni de lejos es lo mismo que un ser humano sea feliz que hacer que sea bueno, como tampoco es lo mismo hacer que este sea prudente y despabilado en virtud de su provecho que hacer que sea virtuoso» (AA 4: 441). Esta declaración, dirigida propiamente contra el hedonismo epicúreo, bien puede aplicarse también a los nuevos estoicos y a quienes se resisten a reconocer que actuar correctamente, lejos de tener un influjo inmediato en la propia felicidad, más bien supone una *constricción* de nuestra naturaleza, es decir, de nuestros deseos e inclinaciones naturales.

A este respecto, la filosofía moral estoica presuponía una dependencia con respecto a la filosofía natural claramente incompatible con la posibilidad de una razón práctica pura, capaz de determinarse a sí misma con independencia de la naturaleza. El método empleado por los estoicos y por Cicerón, a saber, la historia natural, que atiende a la vida del ser humano, a sus disposiciones e instintos, a su cuerpo tanto como a sus facultades del ánimo, es para Garve «el más natural y el mejor»[26]. Esta investigación puede corroborar que en todo ser humano existe un sentimiento de autoestima, así como el deseo de preservar su vida y de maximizar el desarrollo de sus facultades. Garve juzga, al igual que Pufendorf, que esta investigación histórica puede servir para la refutación del epicureísmo y de su presupuesto de que la naturale-

---

[26] Garve, *Philosophische Anmerkungen und Abhandlungen zu Ciceros Büchern von den Pflichten*, op. cit., vol. 1, p. 11.

za humana se constituye fundamentalmente sobre el egoísmo y el amor propio, dado que la historia natural de los estoicos y la filosofía natural de los modernos muestran las disposiciones naturales del ser humano para la moralidad. Sin embargo, Kant está convencido de que la investigación empírica por principio no puede demostrar nada en relación con la calidad moral del ser humano y de sus acciones. Si pretendemos servirnos de la observación para sustentar que no todo ocurre por amor propio, en realidad estaremos engañándonos a nosotros mismos, por creer que podemos conocer la cualificación moral de nuestra naturaleza, algo que por principio no puede ser observado ni conocido:

> Pues aunque a veces se da el caso de que no encontramos, ni con la más aguda introspección, qué haya podido ser más poderoso que el fundamento moral del deber para movernos a tal o cual buena acción o tan gran sacrificio, a partir de esto, sin embargo, no puede concluirse con certeza que en realidad la verdadera causa determinante de la voluntad no haya sido de ninguna manera un impulso del amor propio que solo se oculta detrás del espejismo de aquella idea; y es por eso que nos gusta complacernos con un motivo más noble que nos arrogamos falsamente, aunque de hecho no podamos llegar jamás completamente, ni con el examen más concienzudo, a lo que está detrás de los motores ocultos; porque cuando se trata del valor moral, lo que cuenta no son las acciones, que se ven, sino aquellos principios internos de ellas, que no se ven (AA 4: 407).

En efecto, si pretendemos dejar atrás el pesimismo hobbesiano por medio de la apelación al conocimiento de la naturaleza humana, nada nos salvará de desembocar en una posición que no ha avanzado nada en este propósito, sino que más bien ha aguzado su constatación del posible cinismo en ser humano, capaz de presentar como dignas acciones cuyas motivaciones pueden ser en última instancia egoístas.

La *Fundamentación* pone en ejercicio los límites impuestos previamente por el criticismo trascendental en la *Crítica de razón pura*. La razón humana en su uso teórico no tiene la capacidad de conocer más objetos que los que se presentan a la experiencia, y la moralidad, a saber, la capacidad de un ser de determinarse a sí mismo moralmente, no es para Kant un objeto sensible que pueda ser observado, determinado o conocido.

La presencia del estoicismo y de las ideas del propio Garve en la *Fundamentación* es innegable y ha sido suficientemente estudiada. El rechazo de una ética basada en la estirpe o el estatus social, a través de un concepto de dignidad universalista, los argumentos teleológicos y los destinados a pensar la conciliación entre un reino de la naturaleza y un reino de los fines, incluso alguna formulación del imperativo categórico, como la que expresa su universalidad a través del concepto de ley de la naturaleza, han sido suficientemente identificados por su procedencia estoica. Pero la presencia de elementos estoicos en los textos de Kant es fácilmente reconocible incluso antes de la recepción por Kant de las ideas de Garve. Este es uno de los autores que había de servir a esta recepción, pero no el único, ni en menor medida que los autores de procedencia anglosajona, Wolff y Baumgarten.

Sin embargo, lo más relevante ya no es tanto si en Kant hay una influencia estoica, sino que resulta claro que Kant no es un filósofo estoico, como sí lo es Garve. Y esto se debe fundamentalmente a que el primero no acepta los principios de la escuela estoica, o los adopta bajo los límites estrictos del criticismo. A este respecto, atender a las disimilitudes más que a las coincidencias superficiales puede ayudarnos a reconocer el significado específico de la filosofía moral de Kant en el contexto de su época. Así pues, puede resultarnos útil apreciar que, por más que es innegable que Kant es un pensador ilustrado, su filosofía significa un punto de inflexión en el desarrollo de las ideas ilustradas que tienen su comienzo a lo largo del siglo XVII.

Rousseau y la Ilustración moral de Kant[27]

En sus notas apuntadas a mediados de la década de 1760 en sus *Observaciones sobre el sentimiento de lo bello y lo sublime,* Kant deja constancia de sus impresiones sobre Rousseau, así como del influjo de este que reconoce en su propio pensamiento. Según declara allí, sus escritos le mostraron el escaso valor de un conocimiento meramente especulativo, frente a una aplicación de la razón destinada a la emancipación moral y el fomento de los derechos de la humanidad (AA 20: 44). En la introducción a sus lecciones de antropología Kant critica las pretensiones de un conocimiento especulativo que no esté destinado a la vida, es decir, que no encuentre una prudente aplicación en el contexto más amplio del gran teatro del mundo en el que los ciudadanos desempeñan sus capacidades en sociedad. En su primera lección, de 1772, los apuntes de sus estudiantes comienzan con una declaración tomada casi literalmente de Rousseau: «Nada parece ser más interesante para el ser humano que [la antropología] y, sin embargo, ninguna ha recibido menos atención que justamente esta» (AA 25: 7)[28]. Esto no significa que la recepción kantiana de Rousseau no haya sido crítica[29], pero el primero reconoce que, del mismo modo que Newton descubrió la regularidad y el orden en la naturaleza externa, Rousseau descubrió «la naturaleza profundamente escondida del ser

---

[27] Esta sección se basa en una revisión y adaptación procedente de Manuel Sánchez-Rodríguez, «Las raíces filosóficas de Kant: Rousseau, Hume y Leibniz», en Gustavo Leyva (ed.), *Guía Comares de Kant,* Granada, Comares, 2023, pp. 21-37.

[28] Compárese con Jean-Jacques Rousseau, *Œuvres complètes,* 5 vols., ed. de B. Gagnebin y M. Raymond, París, Gallimard, 1755, OC III, p. 122: «El más útil y menos avanzado de todos los conocimientos humanos me parece ser el del hombre, y me atrevo a decir que la sola inscripción del templo del Delfos contenía un precepto más importante y más difícil que todos los gruesos libros de los moralistas» (según la traducción de *Discurso sobre las ciencias y las artes. Discurso sobre el origen de la desigualdad entre los hombres,* ed. y trad. de Mauro Armiño, Madrid, Alianza, 2021, p. 95).

[29] Cfr. Kuehn, *Kant,* op. cit., pp. 160 y s. (ed. cast.: pp. 244 y s.).

humano y la ley oculta que justifica una providencia merced a sus observaciones» (AA 20: 58 y s.). El estudio de la naturaleza humana no es exclusivo de la filosofía de Rousseau, y a mediados de la década de 1760 Kant halla ejemplos de estas investigaciones principalmente entre los autores ingleses (AA 25: 7), como se ha señalado. Pero es en este pensador donde es posible hallar una importante ruptura con respecto al lugar y el sentido que ocupa el conocimiento de lo humano en el contexto general de qué se entiende por Ilustración.

Para el proyecto ilustrado precedente, la relación entre el conocimiento y la emancipación moral o el bien común era entendida generalmente como una relación entre medios y fines. La labor intelectual se centraba en el progreso del conocimiento teórico de la naturaleza, ya fuese mediante el desarrollo de los conocimientos y las observaciones, la comunicación y clasificación enciclopédica de los mismos, la implementación técnico-práctica de sus resultados o la creación de instituciones académicas para su fomento y protección a nivel político. A través de estos medios, especialmente a través de la puesta a disposición de los adelantos técnicos, había de obtenerse una utilidad para la emancipación y el bienestar comunes, como fines últimos de este progreso científico[30]. Este esquema es puesto en cuestión de modo fundamental en la filosofía de Kant, para quien el conocimiento teórico no tiene por sí mismo traducción moral, e incluso, bajo ciertas condiciones, puede suponer un impedimento para el reconocimiento moral de lo humano. Esta disociación entre desarrollo técnico y emancipación moral encuentra un importante precedente en el contundente *Discurso sobre las cien-*

---

[30] Sobre esta cuestión, véase Manuel Sánchez-Rodríguez, «Leibniz y su proyecto de institución de academias: la institución de lo racional», en *Logos* 54 (2021), pp. 365-378, así como Oscar M. Esquisabel y Manuel Sánchez-Rodríguez, «Estudio introductorio», en G. W. Leibniz, *Ciencia general y enciclopedia*, ed. y trad. de Oscar M. Esquisabel y Manuel Sánchez-Rodríguez, *Obras filosóficas y científicas*, vol. 3, Sociedad Española Leibniz para Estudios del Barroco y la Ilustración, Granada, Comares, 2023, pp. XVIII-XLIII.

cias y las artes de Rousseau, donde este defiende que la ciencia y la técnica contribuyen más a la degradación que al progreso en la moral y «ahogan en [los hombres] el sentimiento de esa libertad original para la que parecían haber nacido, les hacen amar su esclavitud y así forman lo que se denominan pueblos civilizados»[31]. Esta no será la posición de Kant, pues en él no encontraremos la defensa de que el desarrollo científico y técnico en sí mismos son contrarios a la emancipación moral. Pero este sí acepta la desvinculación entre el ámbito del conocimiento científico y el ámbito práctico de la moral y la política. Frente a la Ilustración del pensamiento utópico de un Bacon (1561-1626) y de los proyectos académicos de un Leibniz, Kant juzga que razón teórica y razón práctica son dos ámbitos diferentes, y que el progreso moral sólo es posible en la medida en que la crítica lleva a cabo un examen del alcance y la validez de la razón humana, el cual defina con claridad los límites en que la facultad de conocer puede desarrollarse de modo legítimo. Por tanto, Kant sigue a Rousseau en su corrección de la tradición anglosajona que llegará hasta Hume, así como de la filosofía moral popular alemana, para quienes la investigación empírica de la naturaleza humana había de poder ofrecer por sí misma un fundamento para la moral. Pero esta restricción de las pretensiones de la facultad de conocer no afectará sólo ni principalmente a la investigación empírica de la naturaleza humana, sino también a la metafísica, como pretendido fundamento de la religión y la moral.

La preocupación por la legitimidad de los usos o aplicaciones de la razón en su ámbito teórico será una de las causas principales que conducirán a Kant a someter a examen las pretensiones de la metafísica. Beiser[32] ha defendido que la

---

[31] Jean-Jacques Rousseau, *OC* III, pp. 6 y s. (trad. cit., pp. 41 y s.).

[32] Frederick C. Beiser, *Enlightenment, Revolution and Romanticism: The Genesis of Modern German Political Thought 1790-1800*, Cambridge, Harvard University Press, 1992, p. 29.

lectura de Rousseau convenció a Kant de que la metafísica clásica era potencialmente hostil a la moral. La metafísica especial, en tanto que conocimiento especulativo de Dios (teología racional), el mundo (cosmología racional) o el alma (psicología racional), no podía en absoluto ofrecer un fundamento en el que la moral pudiera asentarse; más bien al contrario, las pretensiones racionales presupuestas en la metafísica tienen como origen en última instancia los fines últimos de una moral inmanente.

El prólogo a la segunda edición de la *Crítica de la razón pura* deja constancia de esta restricción de las pretensiones del conocimiento, así como de la consiguiente separación entre el ámbito del conocimiento teórico y el ámbito de la moral.

> De ahí que una crítica que restrinja la razón especulativa es *negativa* a este respecto, ciertamente; pero en tanto que con ello a la vez suprime un obstáculo que restringe el uso práctico de la razón, o incluso amenaza con anularlo, esta crítica tiene en efecto utilidad *positiva* y de gran importancia, tan pronto como uno se convence de que hay un uso práctico de la razón pura absolutamente necesario, en el que ella se extiende inevitablemente por encima de los límites de la sensibilidad; para lo cual es cierto que no precisa de la asistencia del uso especulativo, pero sin embargo sí debe ser puesta a cubierto de su reacción, para no incurrir en una contradicción consigo misma (B XXV).

La crítica establecerá que el entendimiento sólo puede conocer los objetos en cierto respecto, a saber, tal como se le aparecen a la sensibilidad según las formas de espacio y tiempo. Esta tesis, conocida como *idealismo trascendental*, conllevará una restricción radical de las pretensiones de la metafísica especial, que de algún modo presupone la posibilidad de un conocimiento de las cosas tal como son en sí mismas y no meramente como nos aparecen, así como de objetos, como el alma, el mundo y Dios, que en absoluto pueden darse a la sensibilidad. Sin embargo, para Kant tales objetos pueden ser pensados por la razón aun cuando no puedan ser conocidos. Es más, su carácter racional sólo puede ser conservado con la condición de que no se pretenda un conocimiento de ellos, que sólo podría llevarse a cabo mediante unas condiciones de inteligibilidad por las que a estos les sería sustraída su naturaleza suprasensible, en tanto que serían considerados como objetos que deberían poder darse en la experiencia para tener sentido:

> Por consiguiente, ni siquiera puedo asumir a *Dios*, la *libertad* ni la *inmortalidad* para el necesario uso práctico de mi razón si a la vez no *privo* a la razón especulativa de su pretensión de intelecciones exaltadas; porque para llegar a estas ella debe servirse de principios que de hecho alcanzan meramente a los objetos de la experiencia posible, así que cuando se aplican a lo que no puede ser un objeto de la experiencia, efectivamente siempre lo transforman en fenómeno, con lo cual dan por imposible cualquier *ampliación práctica* de la razón pura (B XXIX-XXX).

Esto explica que en la *Crítica de la razón pura* la crítica negativa a las pretensiones de la razón especulativa tenga una clara *utilidad positiva,* en tanto que permite evitar la reducción de las ideas de la metafísica, y con ello de la moral, a un ámbito de racionalidad en el que su sentido propio no podría reconocerse. Así, en la Dialéctica Trascendental Kant defenderá que la crítica le presta un servicio al «más alto interés de la humanidad» al demostrar que la idea del *yo* y de la inmortalidad no pueden ser demostradas, al tratarse de objetos que se sitúan más allá de la experiencia, pero *tampoco refutadas* (B 424). Igualmente, la realidad objetiva de un ser supremo no puede ser demostrada especulativamente, pero por la misma razón tampoco refutada (A 641 / B 669)[33]. Pues bien,

---

[33] Véase también: A 741s. / B 769s., A 849 / B 877.

en la «Profesión de fe del Vicario Savoyano»[34], Rousseau defiende que el «abuso del saber produce incredulidad»[35], del mismo modo que las interminables disputas teológicas en torno a cuestiones situadas más allá de las capacidades del entendimiento conducen al fanatismo. La religión no necesita de ilustración teórica, pues su esencia radica en el respeto a la ley moral que cada individuo es capaz de hallar en su propio corazón[36].

El idealismo trascendental le servirá a Kant para sostener filosóficamente la posibilidad de esta doble consideración de lo real que acompaña a esta restricción de la razón teórica, como condición positiva para la ampliación de la razón a un ámbito práctico que le es esencial. El sentido negativo de la crítica, por el que se prescribe una *restricción* de nuestro uso especulativo de la razón, con el objeto de que la razón teórica no «empuje así a un lado el uso puro (práctico) de la razón», adquiere una clara utilidad positiva, pues de este modo la razón práctica puede pensar sus objetos sin contradicción, al considerarlos o pensarlos en un sentido diferente a como son conocidos por la ciencia (B XXV). Que sólo conozcamos los objetos en tanto que nos aparecen a la sensibilidad, según la naturaleza constitutiva de la sensibilidad humana, no significa que los objetos sean en sí tal como los conocemos ni, por tanto, que no puedan ser pensados tal como la razón práctica lo exige por sí misma, de un modo completamente puro. Esta solución es original del criticismo de Kant, pero con ello se está respondiendo a un problema aducido por Rousseau contra la Ilustración, el de una razón teórica que no conoce límites y pone en peligro la po-

---

[34] Philip A. Quadrio, «Kant and Rousseau on the Critique of Philosophical Theology: The Primacy of Practical Theology», *Sophia* 48 (2009), pp. 179-193.

[35] *Émile ou De l'éducation,* en Jean-Jacques Rousseau, OC IV, p. 633 (*Emilio o de la educación,* ed. y trad. de Mauro Armiño, Madrid, Alianza, 2020, p. 496).

[36] *Ibid., OC* IV, pp. 127-132, tr. pp. 490-495.

sibilidad de la moral, cuyo fundamento último radica en la libertad y la autonomía del individuo.

Este reconocimiento de la autonomía individual es uno de los puntos de partida del proyecto de la filosofía moral y la filosofía política de Rousseau que será adoptado y desarrollado desde el criticismo kantiano. En *El contrato social* podemos leer: «la libertad moral [...] convierte al hombre verdaderamente en amo de sí mismo, porque el impulso exclusivo del apetito es esclavitud y la obediencia a la ley que uno se ha prescrito es libertad»[37]. Para Rousseau, el estudio de la naturaleza humana es el estudio de lo que constituye su verdadera dignidad, que sólo puede ser la capacidad de constituirse a uno mismo de modo autónomo y activo a través de una compleja multiplicidad de actos[38].

En la *Fundamentación* Kant presupondrá y adoptará de modo productivo estos resultados principales del *idealismo trascendental,* tal como habían sido establecidos en la *Crítica de la razón pura.* Podremos comprobar que en la tercera sección, destinada a ofrecer una justificación del principio supremo de la moralidad, se parte de la división entre el mundo sensible de los fenómenos y el mundo inteligible de la razón, y que la irreductibilidad de los objetos del ámbito moral por parte del conocimiento será uno de los principios que le permiten a Kant sustentar su concepción de la validez objetiva de la razón práctica.

LA *FUNDAMENTACIÓN DE LA METAFÍSICA DE LAS COSTUMBRES* COMO PRIMERA PARTE DE LA FILOSOFÍA MORAL

La *Fundamentación de la metafísica de las costumbres* no es toda la ética de Kant, sino sólo una parte de ella, y es muy

---

[37] *Du contrat social,* en Jean-Jacques Rousseau, *OC* I, p. 365 (*El contrato social,* ed. de María José Villaverde, Barcelona, Atalaya, 1993, p. 20).

[38] Véase al respecto Joel Thiago Klein, «A questão da natureza humana: Kant leitor de Rousseau», en *Trans/Form/Ação* 42 (2019).

importante tener esto en cuenta desde el principio: «la presente fundamentación no es sino la indagación y el establecimiento del *principio supremo de la moralidad,* lo cual constituye por sí solo una tarea completa en su propósito y que ha de mantenerse separada de todas las demás investigaciones morales» (AA 4: 395). Esta declaración es fundamental. La obra no contiene la «ética de Kant», y por lo tanto no debe ser leída como tal. El objeto de su investigación es aislar, exponer y justificar el principio supremo de la moralidad. Esta es toda la tarea cuyo cumplimiento se propone en la *Fundamentación.* A este respecto, es importante tener en cuenta que *no es más* que eso, por más que pueda haber otras investigaciones morales; pues si pretendemos encontrar en la obra algo diferente al cumplimiento de este propósito, es muy probable que no interpretemos correctamente el significado de lo que Kant está defendiendo; más bien, lo juzgaremos como insuficiente e inapropiado para algún respecto diferente, pero precisamente porque la *Fundamentación* no detenta esa suficiencia ni propiedad que le hemos atribuido a pesar de las advertencias del autor.

En el prólogo de la obra encontramos una clasificación de las ciencias que sitúa el lugar relativo de la *Fundamentación de una metafísica de las costumbres* (AA 4: 387). La ciencia que se centra en la libertad y sus leyes se llama ética o doctrina de las costumbres. Esta tiene tanto una parte empírica como una parte pura. La parte empírica «tiene que determinar las leyes de la voluntad del ser humano en tanto que es afectado por la naturaleza» (AA 4: 387), por lo que atiende a las «leyes de acuerdo con las que todo debe ocurrir, si bien también bajo la ponderación de las condiciones por las que muy a menudo no ocurre» (AA 4: 388). La parte pura se denomina *metafísica de las costumbres* o propiamente *moral,* mientras que la parte empírica se denomina *antropología práctica.* Esta última es una *filosofía de las costumbres aplicada a la naturaleza humana* (AA 4: 410 n.), de la que se diferencia nítidamente una filosofía pura de las costumbres, o metafísica de las costumbres, en la que los principios morales no se fundan en absoluto en las peculiaridades de la naturaleza humana, sino que «subsisten por sí mismos» *(ibid.)*. Ahora bien, esto no impide «derivar reglas prácticas de estos principios para toda naturaleza racional, por tanto también para la naturaleza humana» *(ibid.)*, tal como es el cometido de la antropología.

En la *Fundamentación* encontramos dispersas alusiones a esta parte empírica de la ética o *antropología práctica aplicada*, siempre situada más allá del límite que circunscribe hacia el interior el espacio que ocupa propiamente la parte pura de la ética, la metafísica de las costumbres, a la que debe precederle una *Fundamentación*[39], como avanzadilla de la próxima *Crítica de la razón práctica*, que defina y justifique el principio puro de la moral (AA 4: 391).

Los intérpretes suelen expresar su perplejidad ante esta antropología práctica. Para Timmermann, por ejemplo, este proyecto habría de consistir en una psicología empírica que diese cuenta detalladamente de todos los defectos en el ser humano que impiden que verdaderamente ocurra lo que debe ocurrir. Este sería, según Timmermann[40], un proyecto que Kant nunca llevó a cabo. Allison, igualmente, sostiene que Kant nunca escribió esta antropología práctica o psicología moral, si bien apunta a otros pasajes externos a la *Fundamentación* donde se hace alusión a este proyecto, como las lecciones de filosofía moral o la *Metafísica de las costumbres* (AA 6: 372)[41]. Paul Guyer[42] identifica esta antropología prác-

---

[39] Una fundamentación «para» una metafísica de las costumbres, como algo otro, pero que a la vez forma parte «de» esta, en tanto que basada en principios puros.

[40] Cfr. Jens Timmermann, *Kant's Groundwork of the Metaphysics of Morals. A Commentary*, Cambridge, Cambridge University Press, 2007, pp. 4 y s.

[41] Cfr. Henry E. Allison, *Kant's Groundwork for the Metaphysics of Morals*, Cambridge, Cambridge University Press, 2011, pp. 18-20.

[42] Paul Guyer, *Kant's Groundwork for the Metaphysics of Morals. A Reader's Guide*, Londres y Nueva York, Continuum, 2007, p. 24.

tica con esta última obra, a pesar de que la propia *Fundamentación* diferencia claramente entre los dos ámbitos, entre la parte empírica y la parte pura de la ética, y sitúa a la metafísica de las costumbres del lado puro. Estos autores niegan que esta antropología práctica, subordinada a la moral y al servicio de esta, pueda identificarse con la antropología pragmática que Kant exponía en sus lecciones desde 1772. De hecho, la identifican con las psicologías empíricas, como las que encontramos en los wolffianos y los filósofos morales populares de la época. Pero precisamente por ello es pertinente dilucidar la relación con esta ciencia aplicada, ya sea real o posible, debido a que la separación de la *Fundamentación* con respecto a cualquier enfoque empírico marca el punto de partida de la obra.

A mi juicio, es útil dilucidar el significado de esta parte empírica de la ética, que Kant no expone en la *Fundamentación*. A través de ello no sólo captaremos con mayor seguridad el propósito de esta obra, sino que se mostrará más claramente que para Kant mismo la exigencia de que la ética comience con una *fundamentación de su principio puro* no excluye la posibilidad o incluso la necesidad de otros desarrollos diferentes ulteriores, que atiendan a las condiciones de aplicabilidad de esta moral en el mundo.

El interés de Kant por separar su proyecto con respecto a la antropología es el núcleo principal de su oposición a lo que a su juicio significa la filosofía moral popular que recorre todo el ambiente intelectual que rodea al surgimiento de la obra. Para Kant, el problema principal con la filosofía moral popular no es que atienda a la popularidad, es decir, a las condiciones de ejecución, comunicación y aplicación de la moral, sino más bien que no distinga de modo riguroso entre este proyecto y una labor específicamente diferente, que consiste en la definición normativa y la justificación del principio supremo de la moralidad, en lo cual no debe intervenir ningún elemento empírico. Las condiciones empíricas y sensibles que definen la naturaleza humana no sirven para determinar qué sea lo correcto, sino en todo caso para aclarar las condiciones subjetivas mediante las cuales puede aplicarse lo que sea correcto. De ahí el interés de Kant, específico del método crítico (B XXI n.), por aislar y separar el fundamento puro de la moralidad con respecto a «todo lo demás». Porque «es una exigencia de la ciencia que en todo momento se separe meticulosamente la parte empírica de la racional [...] para saber cuánto pueda ofrecer la razón pura en ambos casos y de qué fuentes extrae ella misma *a priori* esta instrucción suya» (AA 4: 388 y s.). Para ello, es preciso elaborar una filosofía moral completamente separada de la antropología empírica (AA 4: 389). Sólo de este modo podrá comprobarse si de hecho la razón pura tiene la capacidad de determinar por sí misma la acción del ser humano, una posibilidad que se pone de manifiesto en el análisis de la misma razón práctica común, «a partir de la idea común del deber y de las leyes morales» *(ibid.).*

A este respecto, toda la filosofía moral *se basa* íntegramente en su parte pura y es completamente ajena a la antropología y otras disciplinas empíricas. Por tanto, la filosofía no necesita de ningún estudio teórico acerca del ser humano que en vano pretendiese explicar la realidad efectiva de nuestra vocación moral. De hecho, en la *Fundamentación* Kant ya ha alcanzado una tesis fundamental que difiere de la posición que podía apreciarse aún en la *Crítica de la razón pura,* donde se exponía la concepción de que la idea de Dios y de la inmortalidad, como fundamentos de la felicidad, habían de ofrecer las condiciones subjetivas o los motores de la acción moral (A 813 / B 841). En la *Fundamentación,* en cambio, la tesis del idealismo trascendental y el concepto de la autonomía de la voluntad llevarán a Kant a sostener una tesis que responde de manera afirmativa al problema que se plantea en el prólogo, y por lo cual Kant afirma que la razón pura puede ser práctica con independencia de móviles sensibles: en efecto, la razón pura del ser humano es práctica por sí misma, a partir de la conciencia que en el ámbito práctico el ser humano tiene de sí como un ser racional, ajeno a todo influjo sensible: «Pues bien, el ser humano halla en sí efectivamente una facultad por la cual él se diferencia de todas las demás cosas, y hasta de sí mismo en tanto que afectado por objetos, y esta facultad es la *razón* [...], como espontaneidad pura» (AA 4: 452).

Bien podría pensarse, por lo tanto, que una vez que Kant ha alcanzado la tesis de que es posible, y hasta necesario en términos prácticos, admitir una razón que puede determinarse por sí misma a actuar en el mundo, la moral puede desprenderse de toda la atención a lo empírico y de todos los aspectos que tengan que ver con la aplicación. Pero de la tesis de que la razón es efectivamente práctica no se deriva una teoría que ilustre cómo la razón humana es práctica en las situaciones concretas, ni Kant lo pretende. Basta con admitir la legitimidad de la idea de que la razón humana común es capaz de determinarse a sí misma con independencia de sus inclinaciones y deseos, e incluso en contra de estos. Se trata de una tesis metafísica, relativa al lugar del ser humano en el mundo y a su calidad moral, y que no se extrae de la observación empírica, sino que es admitida como una exigencia en orden a comprender la posibilidad de la moralidad.

Pero esta metafísica pura no excluye otro tipo de estudios, que traten de responder a una cuestión que es *diferente* para Kant, pero que se encuentra estrechamente relacionada con la aplicabilidad de la moral. De hecho, en el mismo prólogo se aclara que esta conciencia basada en la idea de la razón, que es demostrada en la tercera sección como fundamento de la moral, no es suficiente a cierto respecto: «dado que el ser humano, *aunque es capaz de la idea de una razón práctica pura,* se encuentra afectado por tantas inclinaciones que no tiene tan fácilmente la facultad de hacer que la razón sea eficaz *in concreto* en el curso de su vida» (AA 4: 389; la cursiva es mía), bien tendremos necesidad de servirnos de un «Juicio aguzado por la experiencia, en parte para discernir en qué casos las leyes morales tienen su aplicación, en parte para procurarles acceso a la voluntad del ser humano e imprimirles fuerza para ser puestas en ejercicio» *(ibid.)*. No se trata de una capacidad de juzgar destinada a la determinación de qué sea lo correcto *(principium dijudicationis)*, es decir, de la «guía y la norma del correcto enjuiciamiento de las costumbres» (AA 4: 390), sino de la puesta en ejercicio de la ley moral *(principium executionis)*, ya sea mediante el uso del discernimiento, para saber en qué situaciones tiene aplicación la ley moral, ya sea para acercar estas leyes a la voluntad del ser humano, considerado como sensible. Para Kant, todo ser humano tiene la capacidad racional de reconocer qué es lo que debe hacer: «no necesito en absoluto una agudeza de amplio alcance para saber qué tengo que hacer para que mi voluntad sea moralmente buena» (AA 4: 403). La razón práctica común siempre tiene a la vista el principio de la moralidad (AA 4: 402), aunque no piense en él «de esta manera, por separado, en una forma universal [es decir, como el filósofo], sino que en realidad más bien siempre lo tiene a la vista y lo emplea como patrón de medida de su enjuiciamiento» (AA 4: 403). Ahora bien, aunque el ser humano tiene la capacidad de determinar racionalmente lo que debe hacerse, este mismo «siente en sí un poderoso contrapeso a todos los mandatos del deber –que la razón le presenta como tan dignos del mayor respeto– en sus necesidades e inclinaciones» (AA 4: 405). Sabemos qué debemos hacer, pero aun así puede que no lo hagamos, influidos por nuestras inclinaciones y necesidades. Esta es una dialéctica natural propia de la razón humana; el problema surge cuando la reflexión filosófica, para solventar esta aparente contradicción entre lo que debo hacer y lo que quiero o puedo (en un sentido sensible) hacer, pone en duda la validez de las leyes del deber y tiende a reducir el fundamento de la acción a móviles empíricos radicados en la naturaleza sensible del ser humano. De este modo, la aparente contradicción se resuelve en realidad al alto precio de la negación misma de lo específicamente moral en el ser humano *(ibid.)*. Una vez que adoptemos este punto de vista, podríamos pretender explicar lo correcto meramente como una *conformidad* con el deber basada en inclinaciones e intereses empíricos: cumpliríamos las promesas para conservar nuestra honradez y así ser aceptados en sociedad; haríamos favores para cuidar a nuestros propios amigos y crear así una red de apoyo mutuo; ayudaríamos a los otros por temor de Dios o por una pena casi visceral e irreflexiva, debida a un estado transitorio provocado por una afección ajena a nuestra voluntad; cumpliríamos con lo que nos corresponde unas veces sí y otras no, según criterios que anteponemos a la moral, como la propia felicidad; y a veces incluso podríamos actuar en conformidad con el deber con el propósito de conseguir por mediación de esto algo que es inadmisible moralmente. Se trataría, por lo tanto, de la completa renuncia a la posibilidad de la moralidad y la concesión al escepticismo y el cinismo moral.

El problema para Kant no radica en contemplar la pertinencia de una reflexión en torno al *principium executionis*, sino en querer poner a este en el lugar del *principium dijudicationis*. Esto es a su juicio lo que hace la filosofía moral popular, y de ahí que el primer cometido con el que se abre la segunda sección sea el rechazo de esta corriente. La naturaleza de este ataque se aprecia en el rechazo por parte de Kant del papel que la filosofía moral popular atribuye a los ejemplos. Este no niega la utilidad de los ejemplos en cuestiones morales, pues sirven para «infundir aliento» y «despejan las dudas con respecto a la factibilidad de lo que la ley manda y hacen intuitivo lo que la regla práctica expresa de un modo más universal» (AA 4: 409). De hecho, él mismo se sirve recurrentemente de ejemplos para ilustrar su teoría moral. El problema aparece cuando se hacen pasar los ejemplos, que sirven a la aclaración o la aplicabilidad de la ley moral, por el fundamento de ley moral misma: «nunca pueden autorizar a dejar a un lado el verdadero original de esta ley, que reside en la razón, y a regirse según ejemplos» *(idid.)*. Así, en la *Fundamentación* Kant no rechaza un tratamiento popular de la moral, sino que exige una correcta interpretación de su lugar en el sistema general de los estudios prácticos, pues toda atención a la popularidad ha de depender de una elucidación previa del principio de la moralidad, el cual debe ser establecido mediante una crítica que atienda a las fuentes de esta en la razón pura: «lo cual significa tanto como *fundar* en primer lugar la doctrina de las costumbres en la metafísica y, una vez que ha sido establecida, hacerla luego *accesible* por medio de la popularidad» *(ibid.)*. La moral, ciertamente, requiere de la antropología para aplicarse a los seres humanos en las situaciones concretas, pero esto no obsta a que primeramente «sea expuesta completamente con independencia de esta, como filosofía pura, es decir, como metafísica» (AA 4: 412).

Ahora bien, ¿en qué consiste esta antropología práctica aplicada? En cada una de las lecciones de filosofía moral desde mediados de la década de 1770 encontramos una exposición paralela a la que encontramos en el prólogo, que señala brevemente la naturaleza de esta ciencia.

> La antropología se ocupa de las reglas subjetivas prácticas, observa sólo la conducta real del ser humano; la filosofía moral busca reducir la buena conducta de uno a reglas, es decir, se ocupa de lo que debe ocurrir. Contiene reglas del buen uso de la voluntad, del mismo modo que la lógica contiene reglas del uso correcto del entendimiento. La ciencia de las reglas sobre cómo haya de conducirse el ser humano es la filosofía práctica, y la ciencia de las reglas de la conducta real es la antropología. Ambas ciencias se relacionan estrechamente, y la moral no puede existir sin la antropología; pues primero debe conocerse al sujeto, es decir, si este también se encuentra en disposición de lograr aquello que se le exige que deba ser (*Apuntes de filosofía moral de Collins*, 1774 / 1775, AA 27: 244).

> La metafísica de las costumbres o metafísica pura es sólo la primera parte de la moral –la 2.ª parte de la moral es *phi-*

losophia moralis applicata, antropología moral, de la que forman parte los principios empíricos–. A saber, tal como hay metafísica y física. La moral no puede construirse a partir de principios empíricos, pues esto no da necesidad absoluta, sino condicionada; pero la moral dice: tú tienes que hacer esto sin una condición y sin excepción. La filosofía práctica universal es una propedéutica. La antropología moral es una moral aplicada al ser humano. *Moralia pura* se construye sobre leyes necesarias, por lo que no puede fundarse en la constitución particular de un ser racional, a saber, el ser humano. La constitución particular del ser humano y las leyes que se fundan en ella tienen su lugar en la antropología moral, con el nombre de «ética» (*Apuntes de filosofía moral de Mrongovius,* 1784/1785, AA 29: 599).

Estas dos lecciones tratan el mismo tema, pero presentan alguna diferencia importante. Tanto en 1774/1775 como en la misma fecha de publicación de la *Fundamentación* Kant distingue entre la antropología, que se centra en las leyes relativas a la constitución particular del ser humano, según las cuales estos actúan efectivamente, y una parte pura, que se centra en las leyes necesarias relativas a cómo debe actuar. Ahora bien, mientras que en 1774/1775 Kant pensaba aún que el tratamiento empírico debía anteceder, en la lección de 1784/1785 no afirma esta prioridad de la parte empírica, en conformidad con la posición que encontramos en la *Fundamentación.* Poco más se dice sobre la naturaleza de esta disciplina, y no es este el lugar para extendernos en ello. Tan sólo cabe destacar que en el conocimiento *pragmático* que Kant expone en sus lecciones de antropología hallamos una ciencia centrada en la naturaleza humana, destinada a la aplicación, no sólo de las habilidades y los conocimientos, sino también de la moral, mediante un enjuiciamiento *in concreto* en el contexto general del conocimiento del ser humano en sociedad. En el mismo curso académico en que Mrongovius copiaba los apuntes de filosofía moral que se acaban de citar,

también asistía a clases de antropología pragmática imparti-
das por Kant, donde este último afirmaba: «La antropología
es pragmática, pero sirve al conocimiento moral del ser humano, pues a partir de ella debemos extraer los fundamentos que sirven de móviles para la moral, y sin ella la moral se
convertiría en escolástica y no sería en absoluto aplicable en
el mundo ni tampoco agradable» (*Apuntes de antropología de
Mrongovius*, AA 25: 1511)[43]. Por lo tanto, resulta difícil des-
vincular aquella antropología aplicada de la que se habla
en el prólogo con el amplio y rico proyecto de la antropología pragmática que Kant desarrolla desde 1772, si bien sin
pretensiones especulativas, sino como parte de su propia propuesta de conocimiento popular (AA 25: 1210 y s.).

El hecho de que en la *Fundamentación* Kant relacione el
concepto de lo pragmático y, por lo tanto, de la prudencia
con la promoción de la felicidad individual ha llevado a los
intérpretes a descartar que aquella antropología moral aplicada pueda identificarse con la antropología pragmática de
sus lecciones[44]. Ciertamente, en esta obra Kant se aleja deci-
didamente de cualquier teoría eudemonista. En primer lugar,
la felicidad es un concepto que podemos presuponer universalmente en todo ser humano, pues todos deseamos ser
felices, aunque no sepamos muy bien cómo, y en cada caso
de modos diferentes; pero de ello no se deriva que la vocación suprema de todo ser humano haya de consistir en la
promoción de la felicidad, mucho menos que el cometido de
la razón sea guiar a la voluntad en este propósito (AA 4: 396).
Más bien, al concepto de la felicidad debemos anteponer el
de una buena voluntad. Dicho de otro modo, nuestro inte-

---

[43] Puede objetarse que en sus lecciones Kant no exponía su propia
filosofía, sino las ideas del autor del manual, en este caso Baumgarten.
Respondo a esta objeción en Manuel Sánchez-Rodríguez, «Argumente
für die Spezifizität der pragmatischen Anthropologie», en Violetta L.
Waibel *et al.* (eds.), *Natur und Freiheit. Akten des XII. Internationalen Kant-
Kongresses*, Boston y Berlín, 2019, pp. 2743-2750.

[44] Cfr. Timmermann, *Kant's Groundwork*, op. cit., p. 20.

rés connatural en ser felices debe estar supeditado a hacer lo correcto, y no serán pocas las ocasiones en que el cumplimiento del deber supondrá un impedimento en la promoción de mi propia felicidad, pues alguien prudente no es por sí mismo virtuoso, sino que para ello tiene además *que emplear su prudencia al servicio de la moralidad*. A este respecto, es una ley moral el promover la felicidad propia y ajena, pero no por inclinación, sino por deber, es decir, en tanto que esta promoción esté al servicio del cumplimiento de lo que la razón dicta como moralmente correcto (AA 4: 399, 430, 441). Por lo tanto, la *Fundamentación* niega de modo categórico uno de los pilares principales del estoicismo, adoptado en la filosofía moral moderna: la identificación de la felicidad con el bien supremo de la moral. El bien supremo no consiste en la felicidad, sino en la buena voluntad, y la verdadera sabiduría ha de consistir en el aprendizaje que nos enseña a poner la primera al servicio de la segunda:

> Por lo tanto, esta voluntad no tiene por qué ser ni el único bien, ni todo el bien, pero en efecto sí tiene que ser el bien supremo y la condición para todo lo demás, incluso para toda aspiración a la felicidad; y en tal caso este bien supremo bien que admite su conciliación con la sabiduría de la naturaleza, si se percibe que cultivar la razón –que es un requisito para el primer e incondicionado propósito– puede restringir de muchas maneras, al menos en esta vida, la consecución del segundo propósito, que siempre es condicionado, a saber, la felicidad (AA 4: 396).

Ahora bien, este planteamiento es compatible con el propósito de la antropología pragmática, tal como puede rastrearse en los múltiples materiales procedentes de los apuntes de lecciones y de notas manuscritas de Kant: «La sabiduría consiste en la intención final a la que en última instancia se dirige toda prudencia» (*Reflexión 1508*, 1780-1785, AA 15: 820). A pesar de que el concepto de la felicidad y de lo pragmático parece restringirse en la *Fundamentación* al fomento de la felicidad individual, la propia obra contempla la posibilidad de que la promoción de la felicidad sea puesta al servicio del bien supremo de la moralidad. De hecho, las lecciones de antropología no son un manual para el buen egoísta, sino que en ellas más bien se trata de la prudencia en el contexto más amplio de la felicidad de la comunidad, supeditada a los fines morales de la humanidad.

Nos hemos centrado en la aclaración de lo que la *Fundamentación no* es con el objeto de entender mejor lo que propiamente *es*. Kant se centra aquí en el aislamiento crítico, la exposición rigurosa y la justificación del principio supremo de la moralidad. A este respecto, en lugar de ofrecer lo que hoy se conocería como una ética normativa o una ética aplicada, la obra ofrece más bien una contribución a la metaética, en tanto que no se propone en absoluto ofrecer soluciones prácticas o una guía de aplicación de preceptos morales, sino que en realidad pretende aclarar el significado específico de lo que es propiamente moral y justificar la conexión esencial entre la moralidad y la racionalidad. A este respecto, la fórmula del *imperativo categórico* no debe entenderse tanto como una especie de algoritmo que me permita en cada caso y de modo infalible hacer lo correcto; más bien, se trata de un instrumento del que se sirve el *teórico* moral para exponer el significado de la moralidad en los seres humanos. La filosofía moral de Kant no queda invalidada por el hecho de que el ser humano pueda actuar a veces o siempre en contra del deber, pues su pretensión no es describir cómo es el mundo, sino cómo el ser humano debe actuar en él. Es más, la fórmula del imperativo categórico recoge por principio esta indeterminación. Y es que Kant está convencido de que su teoría propiamente recoge y formaliza la moralidad que ya está presupuesta en nuestro modo de actuar, incluso cuando obramos de modo inmoral. A este respecto, no es sólo que la filosofía pueda y deba llegar a exponer el principio de la moralidad sin basarse en observaciones empíricas, sino que Kant a su vez sostiene que, si la moral ha de ser posible para el ser humano, este ha de tener la capacidad de determinar su acción con independencia de inclinaciones, sentimientos o intereses particulares, precisamente en contra de lo que la experiencia parece mostrar. La justificación de este supuesto es uno de los retos de la obra. Ahora bien, esta tesis no es incompatible con la convicción de que nuestra representación de la realización de la ley moral en la naturaleza exige atender a otros instrumentos teóricos, como los que ofrece la antropología pragmática o la teoría del Juicio. La objeción de que la filosofía moral pura de Kant ofrece una concepción que no se corresponde con cómo actúan realmente las personas o que no atiende a las circunstancias efectivas de aplicación de la moral, como la diferencia cultural o las condiciones económicas, no afecta a esta filosofía, que no pretende ofrecer una respuesta acerca de esto. Más bien, el objeto de la *Fundamentación* es aclarar la naturaleza de la moralidad y las fuentes de que procede en el ser humano, sin que esto pueda ni deba entenderse como un impedimento para que *otras ciencias* reflexionen acerca del modo como lograr, a través de la técnica y la prudencia, que lo real pueda llegar a ser tal como debería ser.

Buena voluntad y deber

La *Fundamentación* se compone de un prólogo y tres secciones. Al final del prólogo (AA 4: 392) Kant explica la estructura de la obra. Su objetivo es partir de un análisis del «conocimiento racional moral común», es decir, del modo como juzgamos moralmente en las situaciones ordinarias, con independencia de cualquier instrucción específica ofrecida por la teoría moral, para alcanzar así una primera formulación del principio de la moral, que marcaría el paso de la razón común a la reflexión filosófica. Este es el objeto principal de la primera sección. Una vez que hemos llegado al terreno de la teoría, en la segunda sección, Kant plantea una revisión crítica de aquellas corrientes filosóficas alternativas que no dan cuenta correctamente de la moralidad, y que incluso corren el riesgo de distorsionar el propio reconocimiento de la moralidad del que la razón práctica común es capaz. Es aquí donde hallamos la revisión crítica de la filosofía moral popular, a la que ya hemos atendido. Estamos todavía en el terreno del análisis, destinado a exponer el significado de la moral, para lo cual, según Kant, se precisa más bien una metafísica de las costumbres, que extraiga *a priori* las fuentes de la moral a partir de la razón pura. Ahora bien, la justificación de si la moral, tal como ha sido expuesta en este análisis, es acaso posible y tiene algún sentido para el ser humano, es el cometido principal de la tercera sección, donde la metafísica de las costumbres o filosofía moral pura depende fundamentalmente de una crítica de la razón práctica pura, que aclare la legitimidad de pretensiones de esta.

La primera sección se inicia con una de sus declaraciones más conocidas: «No es posible pensar nada en el mundo, ni de hecho tampoco fuera de él, que pueda tenerse sin restricción por bueno, a no ser únicamente una buena voluntad» (AA 4: 393). Una buena voluntad es lo único que puede ser bueno sin restricción. Los talentos del espíritu y las propiedades del temperamento son sin duda buenos y deseables en muchos respectos, pero sólo son moralmente buenos si es buena la voluntad con que se los emplea; los dones de la fortuna, como la honra, pueden infundir coraje y ser buenos para muchos propósitos, pero bien pueden desembocar en la inmoralidad si no presuponen una buena voluntad que haga un uso adecuado de ellos; otras cualidades, consideradas por los antiguos como virtudes morales y cuyo tratamiento bien es pertinente en una antropología pragmática, pueden «favorecer incluso esta buena voluntad y facilitar mucho [la obra de la voluntad], pero [...] carecen de valor intrínseco incondicionado» (AA 4: 393 y s.), pues facultades como la moderación pueden estar al servicio de la moralidad, pero también de lo moralmente malo.

Por lo tanto, el concepto de buena voluntad ha de corresponderse con el bien supremo de la moralidad. Ahora bien, Kant es consciente de que para buena parte de los teóricos de la virtud hay un candidato que ha de detentar ese privilegio con mucho más derecho, lo cual viene acreditado además por la tradición clásica, a saber: la felicidad. Sin embargo, Kant está convencido de que la propia felicidad y el bienestar frecuentemente sólo pueden ser obtenidos si miramos para otro lado en lo que respecta a los deberes morales o incluso si actuamos activamente en contra de estos. Para el ser humano, hacer lo correcto supone sacrificar el propio contento y la satisfacción de los propios intereses. Pero la importancia de las teorías eudemonistas obliga a Kant a ofrecer una refutación de estas. Todos los seres humanos tienen por naturaleza el propósito de la felicidad. Pero el concepto de la felicidad es tan indeterminado que es imposible plantear reglas universales que sirvan para alcanzarla. La única realidad efectiva a este respecto es la de que todos los seres humanos *se proponen* ser felices. Pero esta es una pretensión basada en un ideal de la imaginación (AA 4: 419), que no sirve para ninguna regla. Se trata de un ideal que no puede ser satisfecho, pues «para la idea de la felicidad se requiere de un todo absoluto, un máximo de bienestar en mi estado presente y en todo estado futuro» (AA 4: 418), que sin embargo no puede ser satisfecho con elementos que sólo puedo obtener progresivamente, a través de la experiencia. Es más, como ideal indeterminado, a un ser humano le será imposible saber realmente lo que anhela y quiere, por lo que es imposible que este anhelo universal de la felicidad pueda dar lugar al cumplimiento de este ideal. La búsqueda de la felicidad no se diferencia del trabajo de Sísifo, condenado a ascender una pesada carga hasta la cima de una montaña una y otra vez, tras contemplar su fracaso reiteradamente: «cuanto más se emplea una razón cultivada con el propósito de gozar de la vida y de la felicidad, tanto más se aleja el ser humano del verdadero contento» (AA 4: 395). Podría objetarse que Kant convierte en objeto de crítica un concepto muy estrecho de felicidad. Pero si aceptamos esta precaución, esto no obsta a que leamos la importancia de su observación: si situamos nuestra felicidad en la satisfacción de nuestras inclinaciones, es posible que no obtengamos más que hastío e insatisfacción (AA 4: 418). Esto parece indicar que la vocación de la naturaleza humana, a la que apela el estoicismo, no tiene por qué residir en la promoción de la felicidad. Si adoptamos el punto de vista de la filosofía natural o la historia natural y suponemos que en la naturaleza todo actúa con arreglo a fines, entonces difícilmente podremos pensar que el propósito encomendado a la razón humana pueda ser el de servir a la obtención de la felicidad, para lo que bien hubiera sido más útil vernos guiados por el instinto. La influencia de Rousseau resuena en el reconocimiento por Kant de que «la razón no es lo suficientemente apta para guiar con seguridad a la voluntad en lo que respecta a los objetos de esta última y la satisfacción de todas nuestras necesidades (que en parte la razón multiplica)» (AA 4: 396). Ahora bien, con esto no hallamos una posición pesimista, sino un argumento destinado a reivindicar que el ser humano tiene *por naturaleza* «un propósito diferente y mucho más digno de su existencia» *(ibid.)*, a saber «el de producir una *voluntad buena,* pero no a propósito de algo otro, *como medio,* sino una *voluntad buena en sí misma*» *(ibid.).*

«La buena voluntad no es buena por lo que efectúe o consiga, ni por su aptitud para alcanzar algún fin propuesto, sino sólo por el querer, es decir, es buena en sí misma» (AA 4: 394). Esta es una afirmación que describe para Kant el modo de ser de la razón práctica *común,* no una imposición del filósofo que le es ajena a esta.

Aun cuando a esta facultad le faltase por completo la facultad de imponer su propósito, por un particular disfa-

vor del destino o una parca dote por parte de una naturaleza madrastra, aun cuando ella trabajara en balde a pesar
del mayor de los esfuerzos y, al final, sólo quedase la buena voluntad (por supuesto, no como un mero anhelo, sino
como el llamamiento de todos los medios que obren en
nuestro poder), entonces, no por ello dejaría de brillar por
sí misma, cual una joya, como algo que posee en sí mismo
todo su valor (ibid.).

Así, pues, el valor moral de una acción no viene dado
por el objeto anhelado ni por la capacidad de la voluntad
para realizarlo, sino por el mero querer, en que «la razón,
por sí misma y con independencia de todos los fenómenos,
manda lo que debe ocurrir» (AA 4: 408). Es en esta legislación racional y a priori donde radica la capacidad práctica de
la razón, porque, a diferencia de la antropología, la moral no
se basa en fundamentos de lo que ocurre, sino en las «leyes
de lo que debe ocurrir aunque nunca ocurra» (AA 4: 427). Yo
reconozco que es mi obligación ayudar a otra persona en un
momento de necesidad, y en ello empleo todos los medios
que obran en mi poder, pero finalmente no lo logro; ¿quién
podría decir que no he actuado moralmente y que mis acciones pierden calidad moral porque el mundo en que obro,
esta vez, no ha permitido llevar a cabo mi propósito? Yo sé
que cualquiera debería ayudar a otra persona a salir de un
edificio en llamas, pero antepongo la preservación de mi vida
a ayudar a un extraño, ¿quién podría decir que esta exigencia obliga al cobarde prudente menos que al valiente imprudente que entra en el edificio contra su propio interés? Sólo
el último ha actuado moralmente, al coste de su prudencia,
pero ambos tenían la misma obligación y eran conscientes
de ello. ¿O no lo eran? Es difícil pensar que el guardián nazi
que voluntariamente ingresa a sus víctimas en un mundo de
horror tiene conciencia de lo que hace. Pero estamos obligados a pensar de él como un sujeto moral, es decir, a pensar
de él que tiene la capacidad de reconocer su obligación o su

responsabilidad moral, incluso cuando nuestro conocimiento *empírico* de las circunstancias sociales e históricas que definen el Tercer Reich nos digan con claridad que es un disparate esperar, en un *instante de tiempo* determinado, que las cosas puedan ser de un modo diferente a cómo son. Pero eso es precisamente lo que exige la razón práctica, cuando, con independencia de las circunstancias y de la capacidad natural de la voluntad, nos dice que esto *no debería estar ocurriendo* y declara la exigencia necesaria e incondicional de intervenir en el mundo para evitarlo. Ahora bien, ¿significa esto que cuando la razón *manda* esta determinación de la propia voluntad, *manda* también llevar a cabo la acción con independencia de las circunstancias, de tal modo que estoy obligado a emprender esta acción inmediata e imprudentemente, cuando bien sería más útil y *prudente* esperar una mejor oportunidad para lograr mi objetivo? En el primer caso, se trata de una determinación del valor moral de la acción, con independencia de los resultados; en el segundo caso, se trata de los medios que eventualmente pueden serme útiles o tener para mí un valor pragmático para la *realización* de lo que es bueno. Precisamente por ello, para Kant es fundamental distinguir entre estos diferentes niveles. Nuestro conocimiento teórico-técnico de la naturaleza y los consejos de la prudencia, en definitiva, cualquier conocimiento procedente de la experiencia, no sirven en absoluto para determinar el valor moral de mi acción, sino eventualmente para facilitar la *realización* de esta determinación racional previa e independiente, en una palabra, pura. Es más, si hacemos que el valor moral de mi acción dependa de la experiencia, entonces nos llevará a una completa defección con respecto a nuestras obligaciones morales (AA 4: 407). Quien todo lo funda en la experiencia, nos dice Kant, no puede más que poner en duda la factibilidad de las acciones morales (AA 4: 408). Pues el fundamento de determinación de estas, por principio, no es observable (AA 4: 419), y más bien la experiencia muestra lo contrario de las exigencias que son representadas como necesarias en un sentido moral (AA 4: 455). El estoicismo antiguo y moderno pensó poder librarse del riesgo del egoísmo epicúreo y del derrotismo escéptico mediante una lectura alternativa de la naturaleza humana; sin embargo, para Kant, si se pretende lograr esto a través de un conocimiento basado en la experiencia, entonces se hará depender la posibilidad de la moralidad de circunstancias del mundo, así como de constituciones del temperamento, que bien invitarán a desertar de la moralidad o incluso a sumarse a la maldad. Kant a este respecto no niega el egoísmo en la naturaleza humana; más bien, considera que la posibilidad de la moralidad no exige la refutación de este.

De hecho, mediante el concepto del *deber* este pretende exponer el significado de una buena voluntad en el caso específico del ser humano, como un ser afectado por inclinaciones y que no es sin más bueno ni racional. El concepto de deber incluye el de buena voluntad, si bien lo especifica según ciertas restricciones u obstáculos subjetivos, como los que afectan a la voluntad del ser humano, «los cuales, sin embargo, lejos de ocultarla o hacerla irreconocible, más bien hacen que ella resalte por el contraste y que brille con tanta más claridad» (AA 4: 397). Esta observación es fundamental para entender la naturaleza de la argumentación de Kant. Si cada semana dedico un día a acompañar a personas mayores que viven en soledad y necesitan compañía, pero lo hago porque yo mismo necesito encontrar un entretenimiento o conocer gente, y no tanto porque eso es lo que debo hacer, no se trata de una acción moral, porque me lleva a ello una inclinación diferente de la de actuar moralmente. Porque, si esta moralidad hubiese de depender de mi inclinación individual, dejaría de tener vigencia para otra persona, o incluso para mí en otras circunstancias, y en nada se diferenciaría de un gusto personal. Ayudar a otras personas no sería algo que está bien hacer, sino algo que nos gusta hacer; en consecuencia, también podríamos aceptar que si me abstengo de dañar a otros, es porque me resulta desagradable actuar así; pero nuestro sentido moral común nos informa desde el principio de que algo no funciona bien en esta concepción, una vez que nos resulta mucho más difícil aceptar que el dañar a otras personas sería entonces permisible si esto me resultara agradable, ventajoso o conforme con mi condición personal.

De ahí la necesidad de diferenciar las acciones propiamente morales de aquellas que ocurren efectivamente *en conformidad con* el deber, pero propiamente no han ocurrido *por deber*. Podemos imaginar un mundo en el que todos los sujetos actúan correctamente, en conformidad con el deber, pero no tanto por convicciones morales, sino por temor al castigo por el incumplimiento de las leyes: no sería un mundo moral y hasta podría ser un mundo condenable moralmente. Ahora bien, en estos casos, como en el famoso ejemplo del tendero que, por prudencia, no estafa a los inocentes niños que entran en su tienda, para conservar su negocio, estamos ante una conformidad al deber que se ve movida por una inclinación hacia algo diferente de la acción misma, que entonces llevo a cabo para obtener algo diferente. No quiero estafar a mis clientes porque quiero evitar que ocurra algo después, como consecuencia de ello, a saber, la ruina de mi negocio. Pero la dificultad está en aquellos casos en que tengo una *inclinación inmediata* hacia la acción, pero el origen de esta no es moral: tengo una inclinación a conservar la propia vida, pero no por deber, sino por un instinto natural de autoconservación; o hago el bien a los otros, pero no por deber, sino porque me regocijo en la acción misma de lograr la felicidad ajena. Estos son algunos de los ejemplos que Kant plantea, que han suscitado numerosos análisis y discusiones, y que principalmente han sido empleados para ilustrar el rigorismo de su filosofía moral. Si leemos lo que este nos cuenta en la *Fundamentación*, Kant parece decirnos que una acción sólo tiene verdadero valor moral si es llevada a cabo por deber, pero en contra de todos mis intereses, sentimientos e inclinaciones, de tal modo que, para que pueda llamarla propiamente moral, esta acción tendría necesariamente que suponerme un fastidio o, tal como él se expresa, un quebranto de mis inclinaciones.

No es de extrañar la jocosa crítica de Friedrich Schiller (1759-1805), quien con ocasión de estas líneas escribiera lo siguiente una década más tarde de la publicación de la *Fundamentación*:

El escrúpulo de la conciencia
Yo sirvo con gusto a mis amigos, pero, ay, lo hago con placer.
Me asedia entonces la duda de si soy una persona virtuosa.

El veredicto
Seguramente tu único recurso es tratar de despreciarlos completamente, y haz, entonces, con aversión, lo que te ordena la ley[45].

Schiller juzgaba que la dura y cruda presentación de la moral del deber por parte de Kant había de conducir inevitablemente a la renuncia de los verdaderos principios de la moral que de hecho defendía su filosofía[46]. Más allá de los detalles de esta disputa y de los intentos de definirla y ponderarla adecuadamente, creo que es pertinente recordar que la exposición de los ejemplos en la primera sección forma parte de un tratamiento *teórico* destinado a mostrar en qué consiste lo específico y propio de la moral, para lo cual Kant se sirve del *aislamiento analítico y crítico* de este elemento, para separarlo nítidamente de otros con los que se da entremezclado. Allí donde el agente tiene una inclinación inmediata a realizar la acción, no es sólo difícil, sino en realidad

[45] Friedrich Schiller, *Schillers Werke. Nationalausgabe*, Weimar, Hermann Böhlaus, vol. I, 1962, p. 357; trad. de María del Rosario Acosta López, «¿Una superación estética del deber? La crítica de Schiller a Kant», en *Episteme NS* 28 (2008), pp. 1-24, p. 4. Véase H. J. Paton, *The Categorical Imperative: A Study in Kant's Moral Philosophy*, Chicago, University of Chicago Press, 1948, pp. 47 y ss.
[46] Cfr. Acosta López, «¿Una superación estética del deber?», op. cit., p. 6.

imposible discernir a través de la introspección cuándo la acción ha ocurrido por deber, o por el contrario ha ocurrido con un propósito amoral o egoísta (AA 4: 397, 406 y s.). Pero Kant no está haciendo una exposición empírica, por las razones que ya he señalado. Más bien, pretende aislar y extraer el *concepto* del deber a partir del análisis del uso común de nuestra razón práctica. Y entonces hallamos que es imposible señalar la *intensión* o el *significado* de este concepto si en el ejemplo que planteamos no aislamos este elemento, a través de una abstracción que no se halla, tal cual, en la experiencia, sino que forma parte del experimento mental propuesto por el teórico de la moral. Para Kant, el ser humano tiene el deber de conservar la vida; pero si nos encontramos en un estado de felicidad y sosiego, que bien podría servir para explicar nuestro apego a la misma, ¿cómo puede el filósofo moral indicar en este caso en qué consista lo propiamente moral? Pero si conservo la vida a pesar del hastío que siento hacia la misma, que sólo me inclina al suicidio, entonces se reconoce fácilmente que mi acción tiene un contenido moral, procedente de una fuente diferente a la de la inclinación natural (AA 4: 398). Si ayudo a los otros porque una inclinación natural me empuja a implicarme en su felicidad, difícilmente puedo reconocer si este es un ejemplo que describe el significado de una acción moral; pero si nos imaginamos una situación en la que llevo a cabo esta misma acción en contra de mis inclinaciones, porque carezco de estos sentimientos de caridad, pero aun así ayudo a los demás, porque es lo que debo hacer, entonces nos aparece más claramente en que hayan de consistir los motivos genuinamente morales que pienso en el concepto del deber (AA 4: 398 y s.).

¿Significa esto que mi acción deja de tener calidad moral si, bajo el presupuesto de que la realizo exclusivamente por deber, tengo además una inclinación sensible o natural a realizarla? No podemos entrar en un análisis detallado de esta cuestión, pero sí puede ser pertinente hacer dos observaciones a este respecto. En primer lugar, el propio Kant afirma que el principio de la determinación propiamente moral es comprendido por el entendimiento común de un modo confuso, entremezclado entre otros móviles, pues una filosofía moral pura «se diferencia precisamente del conocimiento racional común por exponer en una ciencia separada lo que este sólo comprende entremezclado» (AA 4: 390). Esto no significa que la razón común no tenga la capacidad de determinarse *exclusivamente* por el principio puro de la moralidad, sino tan sólo que no piensa en él tal como resulta del análisis filosófico, «de esta manera, por separado, en una forma universal» (AA 4: 403). En segundo lugar, y como matización de lo anterior, puede que no sea en absoluto apropiado emprender una indagación de tintes psicologistas destinada a explicar la capacidad de un ser para determinarse a sí mismo de un modo completamente espontáneo y autónomo. Entre todos los objetos de la naturaleza que puedan ser observados y conocidos, no existe tal cosa. La justificación de este tipo de causalidad exige alcanzar una consideración de lo real que nos permita trascender el ámbito de la experiencia. Pero Kant ya sospecha que sus coetáneos hallarían en esta idea algo tan extraño que este concepto de una buena voluntad bien podría ser tomado por una «fantasía entusiasta» (AA 4: 394) ajena a todo lo que tenga que ver con la razón humana.

Por ahora, a Kant le basta con exponer el significado de la moralidad para el ser humano, es decir, con la exposición de qué habría de ser la moralidad para el ser humano, *de ser esta posible*. Ya hemos partido del concepto de la buena voluntad, y a través del concepto de deber entendemos el modo cómo sería esta buena voluntad para un ser racional que a la vez se encuentra sometido a condiciones sensibles, como el ser humano. También se ha afirmado que la acción moral es aquella en la que el sujeto actúa meramente por deber. Esto significa que «una acción por deber tiene su valor *no en el propósito* que haya de cumplirse a través de ella, sino en la máxima de acuerdo con la que se la decide» (AA 4: 399).

Ahora bien, si el valor moral no viene dado por el contenido material de la máxima, por el objeto que quiero, ¿en qué consiste esta extraña cualidad moral que le adscribimos a esta máxima cuando actuamos moralmente? Si una acción por deber deja de lado el influjo de la inclinación y, con ello, se determina con independencia del objeto de la voluntad, «a la voluntad no le queda nada que pueda determinarla más que, objetivamente, la *ley* y, *subjetivamente,* el *puro respeto* por esta ley práctica; por lo tanto: la máxima de obedecer tal ley, incluso con el quebranto de todas mis inclinaciones (AA 4: 400 y s.). Cuando alguien actúa por deber, su voluntad es determinada objetivamente por la ley moral y subjetivamente por el respeto por esta ley. Pero ¿cuál es esta ley, que sirve de principio supremo de una buena voluntad? He aquí la enunciación preliminar del principio de la moralidad: «jamás debo proceder más que de tal modo que *también pueda querer que mi máxima deba convertirse en una ley universal*» (AA 4: 402).

Imperativo categórico y autonomía

La segunda sección de la *Fundamentación* continúa con el análisis del concepto de buena voluntad emprendido en la sección previa, si bien la reflexión ya se sitúa plenamente en el campo de la filosofía pura, una vez que se ha mostrado la exigencia de superar el enfoque de la filosofía moral popular. Esto nos llevará a atender en primer lugar al concepto mismo de la facultad práctica de la razón, para posteriormente alcanzar la formulación general de los imperativos, que deben entenderse como variantes del principio único y fundamental que ha sido indicado previamente.

Un ser racional es aquel que tiene la facultad de obrar *de acuerdo con la representación* de leyes (AA 4: 412). El ser humano es un ser racional, pero de una especie particular; pues en él la razón por sí sola no determina suficientemente a la voluntad, dado que, tal como hemos comprobado, esta se encuentra sometida también a condiciones subjetivas, «que no siempre concuerdan con las condiciones objetivas» *(ibid.)*. Como racional, yo reconozco ciertas acciones como necesarias y objetivamente válidas, por lo que *deben* ser llevadas a cabo; pero como sujeto sensible, estas acciones son contingentes, por lo que no tienen por qué tener lugar. Sé cuál es mi deber, pero es posible que no quiera o no pueda hacer aquello que sé que debo hacer. Es más, si finalmente actúo según esta ley, entonces la determinación de la voluntad humana es una *constricción* para el sujeto. «La representación de un principio objetivo en tanto que es constrictivo para una voluntad se denomina mandato (de la razón), y la fórmula del mandato se denomina imperativo» (AA 4: 413), el cual se expresa mediante un *deber-ser (Sollen)*.

Los imperativos son fórmulas que expresan el modo como una voluntad que no es enteramente racional es mandada a actuar según ciertas leyes racionales y objetivas. Ahora bien, el imperativo puede mandar de modo *hipotético* o de modo *categórico*. En el primer caso, el imperativo manda hacer algo como medio para algo otro real o posible que se quiere. Estos son los imperativos de la habilidad y de la prudencia. El imperativo categórico o moral, por el contrario, no manda de modo hipotético o condicionado, sino de modo incondicionado. Esto no significa que este no presente cierta indeterminación, porque el imperativo representa una regla práctica, de obligado cumplimiento, pero en relación con una «voluntad que no lleva a cabo sin más una acción porque esta sea buena» (AA 4: 414).

La formulación general y fundamental del imperativo categórico es la siguiente: *«Obra sólo de acuerdo con aquella máxima a través de la cual puedas querer a la vez que se convierta en una ley universal»* (AA 4: 421). Según Kant, sólo hay un único imperativo categórico, que queda recogido en esta formulación. Esto no obsta a que a esta le sigan al menos tres variantes:

1) «*Obra como si la máxima de tu acción hubiese de convertirse a través de tu voluntad en una* ley universal de la naturaleza» *(ibid.)*

2) «*Obra de tal manera que uses a la humanidad, tanto en tu persona como también en la persona de cualquier otro, siempre a la vez como fin, nunca meramente como medio*» (AA 4: 429).

3) «La idea *de la voluntad de todo ser racional como una voluntad universalmente legisladora*» (AA 4: 431), o «el *principio* de toda voluntad humana como una *voluntad que es universalmente legisladora a través de todas sus máximas*» (AA 4: 432). Kant denomina a esta última variante el principio de la *autonomía,* el cual a su vez conduce al concepto de un *reino de los fines* (AA 4: 433).

No podemos profundizar en los múltiples aspectos de esta teoría ni analizar las complejas interconexiones entre estas formulaciones implícitas en el texto o declaradas por el propio Kant. Para la contextualización de la obra, sí es pertinente y necesario atender al principio fundamental que está presupuesto en esta teoría: el concepto de la *autonomía* de la voluntad.

Una legislación autónoma es aquella que se origina en la subjetividad del agente, pero que también se dirige o impone a este mismo agente que es su fuente. La autonomía es la forma del querer que está presente en una voluntad absolutamente buena en sí misma (AA 4: 444). Todo agente racional es un fin en sí mismo en tanto que es legislador con respecto a la ley moral y sólo por ello se subordina a esta (AA 4: 440).

El concepto de autonomía expresa en la filosofía moral de Kant la misma revolución copernicana que se había iniciado con el criticismo desde la *Crítica de la razón pura.* En lo que respecta a la posibilidad de un conocimiento teórico de los objetos que sea *a priori,* estamos obligados a suponer «que los objetos deben regirse por nuestro conocimiento»

(*Crítica de la razón pura*, B XVI). La conformidad entre los conceptos y los objetos que se presupone en general para el conocimiento se debe a que «de las cosas sólo conocemos *a priori* aquello que nosotros mismos ponemos en ellas» (B XVIII). Del mismo modo que la filosofía anterior había asumido que todo nuestro conocimiento debe regirse por los objetos (B XVI), en el ámbito moral también «se veía hasta ahora al ser humano atado a leyes por su deber, pero a nadie se le ocurrió que él está sometido *sólo a su legislación propia* y, sin embargo, *universal*, y que sólo está obligado a obrar en conformidad con su propia voluntad, la cual es, sin embargo, de acuerdo con su fin natural, universalmente legisladora» (*Fundamentación*, AA 4: 432). Del mismo modo que en el ámbito del conocimiento sólo puede fundarse la posibilidad del conocimiento *a priori* si se parte del supuesto de que son los propios principios puros de la razón los que constituyen *a priori* la objetividad de los fenómenos, todos los intentos pasados de fundar una ley moral universal e incondicionada en un objeto diferente de la voluntad misma, inevitablemente habían de dar como resultado un imperativo condicionado e inservible como mandato moral (AA 4: 433).

Ahora bien, hasta ahora Kant ha ofrecido propiamente un análisis filosófico de los conceptos de la moralidad. Queda pendiente, no obstante, una justificación del principio supremo que ha ido desenvolviéndose a lo largo de la obra. Dicho de otro modo, Kant ha ofrecido una descripción normativa de la naturaleza de la moralidad, pero nada nos autoriza a asumir que la moralidad es posible en la naturaleza. El imperativo categórico es considerado por él una proposición sintética *a priori*, en el que se expresa que la voluntad del ser humano, a saber, de un ser tanto sensible como racional, se conecta *a priori* con la ley moral (AA 4: 420 n.). Así pues, la crítica de la razón práctica pura contenida en la *Fundamentación* debe ofrecer una demostración de su posibilidad, a saber, de cómo y por qué el ser humano, así considerado, debe determinar su voluntad tal como describe este imperativo.

A este respecto es importante tener en cuenta que la argumentación en la tercera sección, donde Kant pretende desarrollar esta justificación, se construye desde los presupuestos establecidos por el idealismo trascendental desde la *Crítica de la razón pura,* como la diferencia entre fenómeno y noúmeno o la consiguiente solución a la tercera antinomia. Como paso previo a la deducción o preparación de esta, Kant establece que todo ser racional tiene que poder considerarse a sí mismo como espontáneo y libre en un sentido trascendental: «todo ser que no puede obrar más que *bajo la idea de la libertad* es precisamente por eso efectivamente libre en un respecto práctico» (AA 4: 448). Ahora bien, ¿qué justificación puede tener un ser para pensarse a sí mismo y a su capacidad racional como independientes de la causalidad natural?; y también: ¿cómo el pensamiento de una mera *idea* puede tener poder causal? ¿«A qué se debe que la moral obligue» (AA 4: 450)?

La argumentación de Kant no puede consistir meramente en la exigencia de aceptar la libertad para sustentar la posibilidad de la ley moral, sin ofrecer a la vez una justificación de la primera idea. De ser así, la argumentación emprendida corre el peligro de caer en un «grosero círculo explicativo» (AA 4: 443). El marco para una solución es ofrecido por el idealismo trascendental. Como se ha señalado previamente, este nos enseña que en la experiencia que es posible para el ser humano conocemos las cosas no tal como son en sí, sino más bien tal y como nos aparecen, es decir, como fenómenos. La hipótesis de que la forma del espacio y del tiempo no pertenece a las cosas en sí mismas, sino que más bien se debe al modo como estas cosas se dan a la sensibilidad del ser humano, demuestra su corrección en tanto que permite explicar la posibilidad del conocimiento, es decir, la posibilidad de que conceptos puros *a priori* del entendimiento se apliquen a los objetos, en la medida en que estos propiamente son funciones lógicas de determinación de estas formas de la sensibilidad presupuestas en todos los fenómenos.

Esto significa que los conceptos del entendimiento, como el concepto de causa, sólo pueden servir al conocimiento en tanto que se aplican a las cosas consideradas como fenómenos, pero no como cosas en sí mismas. Un ser que se determina a sí mismo según una causalidad espontánea o libre, en el que sus acciones no tienen como causa un acontecimiento previo que tiene lugar en el tiempo, no es un objeto cognoscible en la experiencia. Pero esto no nos autoriza a negar la realidad de este ser, a no ser que queramos confundir los límites del conocimiento humano con los límites absolutos de la realidad. Más bien, nos obliga a considerar que el conocimiento teórico, y por lo tanto todo lo que podemos observar y explicar empíricamente, sólo se aplica a la realidad a cierto respecto, pero no a la realidad en términos absolutos. La experiencia es la realidad en tanto que cognoscible. Esta restricción crítica es fundamental en un sentido positivo, como condición de posibilidad del reconocimiento de la racionalidad práctica. Pues si lo que conocemos a través de la experiencia fuera la realidad en sí misma, o el único modo como la razón humana puede legislar sobre lo real, entonces no tendría ningún sentido pretender que las cosas deban ocurrir de un modo diferente a como de hecho conocemos que ocurren, la libertad sería una quimera y estaríamos obligados a reconocer la irreductible contradicción entre el pensamiento de mí mismo como un ser libre, capaz de darse a sí mismo la ley con independencia de las inclinaciones, y el pensamiento de mí mismo como un ser existente en la naturaleza, en conexión causal recíproca con los otros seres. En el prólogo de la segunda edición de la *Crítica de la razón pura* Kant expone con claridad cómo esta *doble consideración* permite evitar la antinomia de la razón pura y conservar el sentido de las pretensiones de la razón práctica:

> Pues bien, supongamos que no se ha hecho en absoluto la diferenciación, que nuestra crítica ha hecho necesaria, entre las cosas como objetos de la experiencia y precisamente

las mismas como cosas en sí mismas; entonces el principio de causalidad y, con ello, el mecanicismo de la naturaleza debería valer, en la determinación de la causalidad, absolutamente para todas las cosas en general, como causas eficientes. Por tanto, de uno y el mismo ser, por ejemplo del alma humana, no podría decir sin incurrir en una flagrante contradicción que su voluntad es libre pero se encuentra sometido a la necesidad natural, es decir que no es libre; porque en ambas proposiciones he tomado el alma humana en *uno y el mismo sentido*, a saber, como cosa en general (como cosa en sí misma); y tampoco podía tomarla de un modo diferente sin una crítica precedente. Pero si la crítica no ha errado al enseñar a tomar el objeto *en un doble sentido*, a saber, como fenómeno o como cosa en sí misma; si la deducción de sus conceptos del entendimiento es correcta y, con ello, también, el principio de causalidad se refiere sólo a las cosas tomadas en el primer sentido, es decir, en tanto que son objetos de la experiencia, mientras que justamente estas mismas cosas según el segundo sentido no están sometidas a tal principio: entonces una y la misma voluntad es pensada en el fenómeno (en las acciones visibles) como necesariamente conforme a la ley de la naturaleza, y a este respecto como *no libre;* mientras que, por otro lado, en tanto que perteneciente a una cosa en sí misma, es pensada como no sometida a dicha ley, por tanto como *libre,* sin que en tal caso se dé una contradicción. Ciertamente, yo no puedo *conocer* mi alma, considerada desde el último respecto, mediante ninguna razón especulativa (menos aún mediante la observación empírica), como tampoco puedo conocer la libertad, en tanto que propiedad de un ser al que le adscribo efectos en el mundo sensible, porque entonces debería conocerlo como determinado según su existencia, pero no en el tiempo (lo cual es imposible, pues no puedo apoyar mi concepto en una intuición). Sin embargo, cuando tiene lugar nuestra diferenciación crítica de ambos modos de representación (el sensible y el intelectual) y la resultante limitación de nuestros conceptos del entendimiento, así como también de los principios que dimanan de ellos, sí puedo *pensar* la libertad; es decir, al menos la representación de ella no contiene contradicción. Ahora bien, supongamos que la moral presupone necesariamente la libertad (en el sentido más estricto), como propiedad de nuestra voluntad, porque alega *a priori* como datos de tal libertad principios prácticos que radican originalmente en nuestra razón, los cuales serían absolutamente imposibles sin la presuposición de la libertad; y supongamos además que la razón especulativa hubiese probado que no es posible en absoluto pensar tal libertad: entonces la primera presuposición, a saber la moral, necesariamente debería ceder ante esta otra, cuyo contrario contiene una flagrante contradicción; por lo que la *libertad* y con ella la moralidad (pues lo contrario de esta no contiene contradicción alguna tan sólo con que no se presuponga la libertad) necesariamente deben ceder su sitio al *mecanismo de la naturaleza*. Pero entonces, dado que para la moral tan sólo necesito que la libertad no se contradiga a sí misma y, por tanto, que pueda al menos pensarse que ella no ponga en absoluto ningún obstáculo al mecanismo natural de una y la misma acción (tomada en otro respecto), sin necesidad de inteligir nada más sobre ella, de este modo la doctrina de la moralidad mantiene su lugar y la doctrina de la naturaleza también el suyo; lo cual no habría tenido lugar si previamente la crítica no nos hubiese instruido sobre nuestra inevitable ignorancia en relación con las cosas en sí mismas y no hubiera limitado a meros fenómenos todo lo que podemos *conocer* teóricamente (B XXVIII-XXIX).

En la *Fundamentación* Kant parte de modo fundamental de este reconocimiento de que el concepto de experiencia posible no describe la realidad en términos absolutos. Si tengo la capacidad de pensarme como un ser racional, miembro de un mundo inteligible e ideal, un mundo de los fines, donde me considero tanto a mí mismo como a los otros como un fin en sí mismo, que detenta una dignidad intrínseca e inalienable, es porque tengo la capacidad racional de pensarme de un modo diferente a como me pienso cuando me conozco a partir de la experiencia sensible que obtengo de mí mismo, a saber, como una pieza del mundo sensible, como una cosa, en definitiva: «el territorio de la sensibilidad [...] no comprende en sí el todo en todos los respectos» (*Fundamentación*, AA 4: 462). Sólo bajo esta condición puedo pensarme a mí mismo como un ser racional. Ahora bien, en el imperativo categórico el sujeto no sólo se piensa como legislador, sino a la vez como sometido a la ley, es decir, como sensible, precisamente porque esta fórmula describe la naturaleza de una acción moral y autónoma, en la que un ser humano, como racional, legisla sobre sí mismo, como ser sensible. Como ser racional, el ser humano puede adoptar la posición de un miembro del mundo inteligible y, con ello, puede comprender su voluntad como inmediata y necesariamente determinada por la ley moral que la razón se da a sí misma; «pero como *el mundo del entendimiento contiene el fundamento del mundo de los sentidos, y con ello también de las leyes de este*», al adoptar esta posición racional no puedo dejar de reconocerme a la vez como sometido a esta ley del mundo del entendimiento, de tal modo que las leyes del mundo del entendimiento, según las cuales actuaría necesariamente una voluntad pura, son consideradas por mí como imperativos (AA 4: 453 y s.). La ley expresada en el imperativo categórico es una ley necesaria para mí en tanto que me pienso como un ser racional, ajeno a las determinaciones sensibles, a lo cual me autoriza el idealismo trascendental. La aceptación del idealismo trascendental como tesis filosófica me permite entender la razón por la que el cumplimiento de esta ley racional, que me es propia, puede a la vez presentárseme como una constricción. Desde este punto de vista, descubro que el *deber-ser* propio del imperativo es en realidad el modo como se me presenta, en tanto que sujeto sensible, *mi propio* querer en tanto que miembro del mundo inteligible: «Por lo tanto, el deber-ser moral es el del querer propio y necesario como un miembro del mundo inteligible, que él sólo piensa como un deber-ser en tanto que se considera a la vez como un miembro del mundo de los sentidos» (AA 4: 455).

Kant no está asumiendo un dualismo ontológico. Más bien, se trata de uno y el mismo sujeto, el cual adopta dos posiciones o dos puntos de vista diferentes en el enjuiciamiento de las acciones propias y ajenas. En el imperativo categórico, el sujeto se piensa simultáneamente como inteligencia y como una pieza del mundo de los sentidos, como legislador y como constreñido por la ley. Pero también podemos adoptar, en relación con la misma acción, un punto de vista estrictamente teórico en el que meramente nos consideramos como sometidos a la necesidad de la causalidad natural y donde *cualquiera* de mis acciones tiene por causa algo otro que me ocurre. Es importante tener en cuenta que todas mis acciones morales pueden ser consideradas a la vez como acontecimientos sometidos a la necesidad natural, lo cual es legítimo, siempre y cuando se reconozca que la corrección moral de una acción nunca puede proceder de una ley de la naturaleza, y que explicar por qué en el ámbito de la experiencia algo ha ocurrido no significa justificarlo moralmente. Hay muchas circunstancias que pueden efectuar en la naturaleza una infracción del deber: puedo infringir una promesa porque me encuentro en un aprieto, de tal modo que es fácil pensar que cualquiera en mi situación, considerado meramente a ese respecto, habría llegado a hacer lo mismo. Es más, si adopto exclusivamente el punto de vista del perito de las acciones humanas, consideraré toda acción como debida a causas precedentes y, a este respecto, completamente determinada. Pero en el ámbito moral, aquel en el que nos sentimos responsables, sentimos arrepentimiento, nos indignamos ante la injusticia o pensamos que *esto no debería estar ocurriendo,* la razón nos exige pensar esta misma acción desde otro punto de vista, como la acción de un ser que se da a sí mismo la ley y es responsable de sus actos, por lo que debe y por tanto puede ser evitada, condenada y reparada, con independencia de cómo sea el mundo.

ACERCA DE ESTA TRADUCCIÓN

Mediante esta nueva traducción he tratado de ofrecer una mejor solución para la versión de este texto en español, la cual concilie dos exigencias que a veces parecen excluirse mutuamente: el rigor y la distinción que necesita el especialista, de un lado, y la claridad y la legibilidad que espera quien está más alejado de la materia y desconoce el pensamiento de Kant o no lo lee en el original. Prefiero hablar de rigor porque considero que una traducción completamente fiel es imposible, y los intentos de dar cuenta de la fidelidad a través de la literalidad dan lugar a resultados fallidos; y prefiero hablar de legibilidad y no de una traducción libre porque considero que la traducción depende de la interpretación, pero esta se encuentra sometida a criterios y se ve movida por pretensiones de veracidad que deben restringir cómo recogemos en nuestra lengua el sentido del original.

Entre los traductores de la obra de Kant nos encontramos principalmente con dos escuelas, bien diferenciadas y con escasas concesiones recíprocas o lugares comunes. De un lado hallamos traducciones de Kant que apuestan por una reproducción fiel y literal del original alemán, aunque para ello hayamos de sacrificar en algún grado la legibilidad; de otro lado, hallamos a quienes apuestan por una presentación más legible y amable con el lector, aunque para ello en ocasiones sea necesario introducir modificaciones de mayor o menor importancia en la reproducción del sentido del original.

La preocupación por la fidelidad se basa en el interés por conservar el estilo de Kant, incluso en su oscuridad y dificultad, así como en un rigor destinado a conjurar el riesgo de traicionar el significado original, lo cual podría originarse fácilmente en una traducción más libre. Esto ha dado lugar a traducciones de más difícil lectura. Ahora bien, la exigencia de mantener inalterado, en la medida de lo posible, el contenido semántico y la estructura lógica del original no tiene por qué obligarnos a reproducir *literalmente* el orden y la estructura de este; porque no se trata de un rasgo estilístico de Kant, sino de un rasgo propio de la sintaxis alemana, que por lo tanto ha de ser abandonado si queremos traducir a una lengua regida por una sintaxis diferente.

Ciertamente, son muchos los retos y dificultades que rodean a la traducción de Kant a este respecto. Difícilmente pueden ser elegantes o naturales en español construcciones que en el original no lo son. Pero la interrelación entre fidelidad y literalidad queda en entredicho precisamente porque a veces el texto original de Kant no parece ser correcto desde un punto de vista sintáctico, lo cual ha obligado tradicionalmente a los editores y comentadores clásicos a proponer correcciones, en muchos casos sin acuerdo, de entre las cuales el traductor ha de elegir. En una gran cantidad de pasajes, un pronombre admite múltiples antecedentes que son sintáctica y filosóficamente posibles, de tal modo que un mismo intérprete no puede elegir de modo claro y distinto, ni por lo tanto reproducir fielmente, qué sea lo que Kant quiso decir, por haber más de una alternativa compatible con su pensamiento. Por ello, la traducción no sólo exige interpretar, sino que a menudo nos obliga a tomar una decisión entre una multitud de interpretaciones.

El problema de la fidelidad de la traducción se agudiza especialmente a nivel semántico. El traductor puede proponer el mejor candidato para traducir «*Klugheit*» y juzgar que este es «*prudencia*» en lugar de «*sagacidad*». Pero es importante reconocer desde el principio que ningún término en nuestra lengua va a significar exactamente lo mismo que su pretendido equivalente en otra lengua. Este anisomorfismo, suficientemente estudiado y reconocido por los solventes defensores de la intraducibilidad del significado, no es el principal problema para quienes traducimos a Kant, pues «*Klugheit*» no significa lo mismo en las lecciones de antropología de Kant del curso de 1784/1785 que en la *Fundamentación* en 1785, por ejemplo. Esto parece invitar a traducir a veces un mismo término de modo diferente, incluso en una misma obra, cuando reconocemos que el contexto de su uso es diferente y que en nuestra lengua deberíamos recoger esa diferencia. A veces esta propuesta de un abanico de términos en nuestra lengua para una misma palabra en el original responde a un intento de ofrecer un estilo más natural en nuestro idioma; otras veces, no parece responder a un criterio claro. Ahora bien, en este punto es preciso establecer una diferencia entre términos que podemos llamar de uso técnico y términos o expresiones que forman parte de un uso común. Considero términos de uso técnico aquellos que juegan un papel fundamental en la construcción por parte de Kant de su sistema filosófico: estos términos reciben definición por este o son sujetos a aclaraciones o elaboraciones teóricas, lo cual no obsta a que adquieran diferentes sentidos en diferentes contextos, por razones fundadas que debemos atribuir al autor, por un principio de caridad, pero que no siempre son accesibles para el traductor o intérprete. Por el contrario, los términos de uso común tienen una menor carga teórica, son usados por Kant de un modo laxo y su significación es compartida con otros autores o no parece polémica. Obviamente, se trata de una diferencia de grado. Es más, un mismo término puede ser empleado por Kant, en contextos diferentes, unas veces de modo técnico y otras veces de modo común. En la medida de lo posible, y con contadas excepciones, en la presente traducción optamos por traducir de modo *sistemático y unívoco* cada término técnico del original por un solo término técnico correspondiente en nuestro idioma. Sólo de este modo es posible para el lector rastrear el uso de un concepto por parte de Kant y reconstruir por sí mismo su significado, sin que la intervención del traductor cierre las posibilidades de la interpretación, que en este caso le corresponden al lector. Cabe notar alguna excepción, suficientemente establecida por los traductores de Kant, como la doble traducción de «*Bestimmung*» por «determinación» en unas ocasiones y por «*vocación*» en otras, variaciones de las que se ha informado en nota al pie. Ahora bien, los términos cuyo uso no es técnico han sido traducidos, no con mayor libertad, sino con la mayor fidelidad posible al sentido de su *uso* en el original, lo cual obliga en muchas ocasiones a traducir un mismo término o una misma expresión de modos diferentes, en contextos de uso diferentes. Es más, no podemos esperar traducir literalmente, y palabra por palabra, las múltiples y ricas expresiones idiomáticas que Kant emplea en sus obras.

A la vez, considero que es imposible traducir un texto sin interpretarlo previamente en muchos sentidos, y que por principio no es posible una traducción absolutamente fiel al original. Pero esto no significa que tengamos la autorización de sustituir lo que honestamente juzgamos como el sentido de lo que leemos por una interpretación propia que es fácilmente reconocible como divergente en algún sentido relevante, para proporcionar un texto más legible o con un estilo más al gusto del traductor.

A partir de estos criterios generales, me gustaría aclarar algunos criterios más específicos que han guiado esta traducción.

1) He optado por conservar en la mayoría de los casos la extensión de las frases del original. Ahora bien, más allá de los puntos, no es posible reproducir la puntuación del original: en la medida en que las reglas de puntuación en el alemán y en español son diferentes, esto habría dado lugar a un texto incorrecto a este respecto en nuestro idioma. Es más, la supuesta reproducción literal de la puntuación del original se encuentra con la curiosa circunstancia de que las versiones modernas del texto alemán, como la que seguimos aquí,

tampoco reproducen la puntuación de la primera edición de la obra.

2) Sí he introducido, no obstante, guiones para acotar sintagmas u oraciones subordinadas allí donde he considerado que esto podía contribuir a una mejor legibilidad. Debido a la extensión de las líneas de argumentación expuestas por Kant, y a su gusto por la exposición en diferentes niveles de subordinación o por la intercalación de aclaraciones u observaciones, en ocasiones he acotado entre guiones expresiones u oraciones que juzgo como subordinadas con respecto a la línea de argumentación principal. En ocasiones esta acotación no ha estado motivada principalmente por el interés de facilitar la legibilidad, sino para evitar una equivocidad con respecto a la estructura general, que efectivamente podía ser construida de más de un modo. Dado que Kant apenas recurre a los guiones en el texto, he optado por señalar en nota las contadas ocasiones en que los guiones son propios del original, en lugar de señalar recurrentemente las reiteradas ocasiones en que son producto de la interpretación y la decisión del traductor.

3) Dado que Kant no emplea comillas para mencionar una palabra o una frase, sino sólo las cursivas, y no en todos los casos, he adaptado y modernizado el texto a este respecto para ajustarlo al uso correcto actual en nuestra lengua.

4) En su texto publicado en 1785, escrito en grafía gótica, Kant emplea dos formatos diferentes para marcar énfasis, que aquí hemos reproducido con el uso igualmente de dos formatos: en un caso, allí donde Kant emplea la negrita y el espaciado de caracteres, hemos usado una tipografía diferente (ejemplo); allí donde Kant emplea únicamente el espaciado, hemos empleado la cursiva.

5) Si bien en esta traducción se ha pretendido reproducir en la medida de lo posible el contenido semántico y la estructura lógica del original, no he intentado alcanzar este propósito mediante una reproducción literal del orden y la estructura sintáctica del original. Estas son características

propias de una lengua diferente del español, por lo que huelga decir que no deberían ser conservadas en su traducción. El orden y la estructura del original no son sólo un rasgo estilístico de Kant, sino fundamentalmente un rasgo estructural y constitutivo propio de la sintaxis alemana, que por lo tanto ha de ser abandonado si queremos traducir a una lengua regida por una sintaxis diferente. Por ello, no se prescindirá de reformulaciones y paráfrasis cuando sea necesario si ello nos permite evitar germanismos y no afecta con claridad al rendimiento del contenido semántico y la estructura lógica del fragmento; por ejemplo: conversión entre la forma pasiva y la activa; preferencia por la pasiva refleja; inversión del orden de la oración, para situar la proposición principal en posición antecedente cuando ello permita conservar la estructura propuesta en el original; o el empleo de paráfrasis o inversiones en las nominalizaciones del original.

6) Las expresiones idiomáticas o propias de la lengua coloquial, muy numerosas en el caso de Kant, han sido traducidas de modo no literal, precisamente con el objeto de recoger en la medida de lo posible el sentido de tales recursos, a veces mediante su sustitución por expresiones idiomáticas correspondientes en nuestra lengua.

7) Son muchos los casos en que una oración de Kant pueda ser leída de más de un modo, la mayoría de las veces porque un pronombre admite más de un antecedente como posible. Allí donde es factible, se ha reproducido la misma equivocidad que en el original, excepto en los casos donde esta equivocidad puede ser despejada de modo razonable mediante criterios filosóficos. En otros casos, allí donde es imposible reproducir la equivocidad del original y se ha tenido que optar por una de varias interpretaciones posibles, se ha aportado la aclaración pertinente en nota.

Las múltiples decisiones traductológicas han sido adoptadas bajo el presupuesto de un estudio comparado a múltiples respectos. En primer lugar, se ha pretendido en todo momento que cualquiera de las correspondencias elegidas pudiese ser adoptada también en el conjunto de las obras de Kant, especialmente en las tres *Críticas;* de lo contrario, un lector no podría rastrear un mismo concepto en materiales diferentes. En segundo lugar, se ha comparado en cada caso la propuesta adoptada con las traducciones que consideramos de referencia en español, inglés, portugués, italiano y francés, a saber: García Morente, Mardomingo, Rodríguez Aramayo, Gregor-Timmermann, Gonelli, Delbos y Almeida[47]. No me detendré aquí en una aclaración exhaustiva de los criterios seguidos para estas decisiones, con excepción de los siguientes casos, por su claro alejamiento de la convención entre los traductores de Kant al español.

Desde mi traducción de los textos de Kant sobre antropología en 2015 he optado por traducir *«Mensch»* por «ser humano», y no por «hombre». No sólo en estos textos, sino en toda la obra de Kant, este emplea en contextos y sentidos diferentes las palabras *«Mann»* (hombre) y *«Mensch»*, lo cual debe llevarnos a recoger esta diferencia. Esto nos permite a la vez reflejar la relación semántica de «ser humano» con otras tantas expresiones empleadas en la *Fundamentación,* como «naturaleza humana».

El lector de la obra de Kant traducida al español está familiarizado con la expresión «en general», presente en «los objetos en general» o «la voluntad en general». Es la opción tradicional en nuestra lengua y otras lenguas para *«überhaupt»,* que he decidido no emplear en esta traducción, salvo en alguna contada excepción. El uso de esta expresión por parte de Kant en la *Crítica de la razón pura,* para hablar de *«Gegenstand überhaupt»* (objeto en general) o *«Begriffe überhaupt»* (conceptos en general), presenta una reconocible co-

---

[47] Una completa y detallada compilación de las traducciones y ediciones de la *Fundamentación,* no sólo en español, puede hallarla el lector en el sitio web impulsado por Steve Naragon *Kant in the Classroom. Materials to aid the study of Kant's lectures,* disponible en [https://n9.cl/qnn4h].

nexión histórica con el uso presente en las ontologías de la filosofía escolar alemana del siglo XVIII, tal como se aprecia en la obra de Wolff *Vernunftige Gedanken von Gott, der Welt und der Seele des Menschen, auch allen Dingen überhaupt* de 1719. En el incipiente alemán académico del XVIII, se adopta *«Dinge überhaupt»* como traducción de *«ens in genere»*, *«ens ut ens»* o *«τὸ ὂν ᾗ ὄν»*[48]. El origen último de la expresión es la referencia al «Ente en cuanto ente»[49] como objeto de estudio de la metafísica de Aristóteles. Así pues, a modo de ejemplo, y para atender a la presente obra, la *Fundamentación* se centra en el estudio de la voluntad en general sólo en la medida en que atiende a la voluntad como voluntad, es decir, a la voluntad como tal o en cuanto tal. Por esta razón, traduzco *«überhaupt»* por «como tal». Al contener la correspondencia en nuestro idioma una desinencia de número, esto además nos permite evitar la mayor equivocidad de «en general».

Finalmente, con respecto al aparato crítico de notas, he pretendido señalar las fuentes, referencias o paralelismos que de un modo más o menos explícito están presentes en el texto, sin introducir a través de estas un comentario libre del texto, que bien podría ser útil en otros contextos.

Para la fijación del texto, me he apoyado en la excelente edición revisada de Bernd Kraft y Dieter Schönecker[50], pues esta edición no sólo recoge el original según la segunda edición, sino que contempla buena parte de las variaciones, correcciones o propuestas por parte de otros editores y comentadores, que he seguido aquí. Debe aclararse que se ha empleado la segunda edición de la obra (A2) como texto de referencia, en la medida en que en esta Kant corrigió erratas

---

[48] Cfr. Norbert Hinske, *Kants Weg zur Transzendentalphilosophie: der dreissigjährige Kant*, Stuttgart, Kohlhammer, 1970, pp. 30 y s.

[49] Cfr. Agustín García Yebra, *Metafísica de Aristóteles*, ed. trilingüe, Madrid, Gredos, 1970, 1003a 21, p. 150.

[50] Immanuel Kant, *Grundlegung zur Metaphysik der Sitten*, ed. de Bernd Kraft y Dieter Schöneker, 2.ª ed. revisada, Hamburgo, Meiner, 2016.

e introdujo algunos cambios con respecto a la primera edición (A1). Sólo se han señalado las divergencias entre A2 y A1 allí donde estas presentan alguna relevancia. Los números al margen en el cuerpo del texto se refieren al número de página del volumen 4 de la edición de la Academia. Debido a las notables diferencias en la ordenación de las estructuras entre el alemán y el español, en nuestra traducción la marca de salto de página antecede siempre a la primera palabra que en el original está situada en la página siguiente.

Se incluye a continuación una lista bibliográfica, que en absoluto pretende ser exhaustiva, pero que sí atiende especialmente a los estudios más actuales en nuestra lengua. Al final de la edición el lector encontrará un índice onomástico y un índice analítico de materias, donde se indica además el término original de cada uno de los conceptos allí recogidos.

Esta edición se ha realizado en el contexto del proyecto de investigación del Plan Estatal «Edición y traducción al español de las *Críticas* de Immanuel Kant. Edición crítico-evolutiva y traducción estandarizada de *Kritik der reinen Vernunft, Kritik der praktischen Vernunft* y *Kritik der Urteilskraft*»[51]. Quisiera expresar mi más sincero agradecimiento a las personas que han alentado este trabajo o han colaborado con sus consejos y sugerencias. En primer lugar, a Alejandro Rodríguez, mi editor, por su gran profesionalidad y atención; así como a María Algarra, Francisco Chico-Rico, Rômulo Eisinger Guimarães, Fernando Fernández-Llebrez, María José Frápolli, José Antonio Gutiérrez García, Monique Hulshof, Luciana Martínez, Ana Belén Mansilla, Felipe Montero, Manuel de Pinedo, Gabriel Rivero, Carmen Polo, María Jesús

---

[51] Proyecto PID2022-142190NB-I00, financiado por MICIU/AEI 10.13039/501100011033/ y por FEDER, UE. Más información en [www.kritica.org].

Vázquez Lobeiras, Neftalí Villanueva, así como a los asistentes del *Seminario de Lectura Kant* del Departamento de Filosofía II, con quienes he discutido tantos aspectos de la traducción de Kant. A todos ellos, mi más sincero agradecimiento.

Manuel Sánchez-Rodríguez

SELECCIÓN BIBLIOGRÁFICA

ACOSTA LÓPEZ, María del Rosario, «¿Una superación estética del deber? La crítica de Schiller a Kant», en *Episteme NS* 28 (2008), pp. 1-24.

AGUILAR, María del Carmen Rodríguez, «Sobre ética y moral», *Revista universitaria* 6 (2005), pp. 1-5.

ALEGRÍA, Daniela y ÓRDENES, Paula (coords.), *Kant y los retos práctico-morales de la actualidad*, Madrid, Tecnos, 2017.

ALLISON, Henry E., *Kant's Groundwork for the Metaphysic of Morals: A Commentary*, Oxford, Oxford University Press, 2013.

—, *Kant's Theory of Freedom*, Cambridge, Cambridge University Press, 1990.

ARAMAYO, Roberto R., «Estudio preliminar: El empeño kantiano por explorar los últimos confines de la razón», en Immanuel Kant, *Fundamentación para la metafísica de las costumbres*, Madrid, Alianza, 2002, pp. 11-64.

—, *Immanuel Kant: La utopía moral como emancipación del azar*, Madrid, Edaf, 2001.

— y ONCINA, Faustino (eds.), *Ética y Antropología: un dilema kantiano*, Granada, Comares, 1999.

BAILEY, Tom, «Analysing the Good Will: Kant's Argument in the First Section of the Groundwork», *British Journal for the History of Philosophy* 18 (2010), pp. 635-662.

BAUMANNS, Peter, «Kants kategorischer Imperativ und das Problem der inhaltlichen Pflichtbestimmung», en Herta Nagl-Docekal (ed.), *Überlieferung und Aufgabe: Festschrift für Erich Heintel zum 70. Geburtstag,* Viena, New Academic Press, 1982, pp. 165-179.

BEADE, Ileana Paola, «Reflexiones en torno a la concepción kantiana de la Ilustración», *Las Torres de Lucca: Revista Internacional de Filosofía Política* 3 (2014), pp. 85-113.

—, «Consideraciones acerca de la concepción kantiana de la libertad en sentido político», *Revista de filosofía* 65 (2009), pp. 25-41.

BERND, Ludwig, «Über drei Deduktionen in Kants Moralphilosophie – Und über eine Vierte, die man dort vergeblich sucht. Zur Rehabilitierung von *Grundlegung III*», *Kant-Studien* 109 (2018), pp. 47-71.

CALLANAN, John J., *Kant's Groundwork of the Metaphysics of Morals,* Edimburgo, Edinburgh University Press, 2013.

CARMO FERREIRA, Manuel J., «Interés es aquello por lo que la razón se hace práctica», *Anales del Seminario de Historia de la Filosofía* 9 (1992), pp. 107-113.

CUNHA, João Geraldo Martins, «Algumas considerações em torno das pretensões da razão prática em Kant: a espontaneidade como chave para a "dedução" do princípio supremo da moralidade», *Studia Kantiana* 18 (2020), pp. 89-112.

DE HARO, Vicente, «Introducción: Una reivindicación de la filosofía práctica de Kant», *Tópicos* 41 (2011), pp. 9-16.

DE VELASCO, Luis Martínez, «Imperativo moral como interés de la razón», *Crítica* 24 (1992), pp. 133-137.

DE ZAN, Julio, «Universalismo y particularismo en la ética de Kant», *Tópicos* 13 (2005), 63-89.

DELBOS, Victor, *La philosophie pratique de Kant,* París, Alcan, 1905.

DROTZ, Antonio Bielsa, «Las claves teleológicas del Formalismo moral (Los fines morales del hombre y el hombre como fin en sí en la Ética de Kant)», *Convivium* 11 (1998), pp. 80-101.

DUNCAN, Alistair R. C., *Practical Reason and Morality. A Study of Immanuel Kant's Foundations for the Metaphysics of Morals,* Londres y Nueva York, Nelson, 1957.

ECHEGOYEN Olleta, Javier y GARCÍA-BARÓ, Miguel (eds.), «Introducción», en Immanuel Kant, *Fundamentación de la metafísica de las costumbres*, trad. de Manuel García Morente, revisada por Juan Miguel Palacios, Madrid, Mare Nostrum, 2000, pp. 7-26.

ELTON, María y MAURI, Margarita, «La "heteronomía" de la voluntad kantiana. Una comparación con Tomás de Aquino», *Pensamiento. Revista de Investigación e Información Filosófica* 69 (2013), pp. 115-129.

ESTEVES, Julio, «The Noncircular Deduction of the Categorical Imperative in *Groundwork III*», en Frederick Rauscher y Daniel Omar Pérez (eds.), *Kant in Brazil*, Rochester, University of Rochester, 2012, pp. 155-172.

—, «A Deduçao do imperative categórico na Fundamençao III», *Studia Kantiana* 5 (2003), pp. 79-104.

FAJARDO-FAJARDO, Ana-María, «La ética de Immanuel Kant», en *Revista Internacional de filosofía teórica y práctica* 1 (2021), pp. 127-138.

FALDUTO, Antonino, «Kant's Account of Independence as Self-Dependence: The Noumenal Personality in a Phenomenal World», *Con-Textos Kantianos. International Journal of Philosophy* 16 (2022), pp. 152-167.

—, «Il costruttivismo kantiano in teoria morale», en *Studi Kantiani* 20 (2007), pp. 1-20.

— y KLEMME, Heiner F., «Die Anthropologie im Kontext von Kants kritischer Philosophie», en Marc Rölli (ed.), *Fines Hominis? Zur Geschichte der philosophischen Anthropologiekritik*, Bielefeld, Transcript Verlag, 2015, pp. 17-32.

GARCÍA FERRER, Soledad, «La felicidad como ideal de la imaginación», en *Trans/Form/Ação* 34 (2011), pp. 21-52.

GONZÁLEZ, Ana Marta, «Ética y moral. Origen de una diferencia conceptual y su trascendencia en el debate ético contemporáneo», *Anuario Filosófico* 33 (2000) pp. 797-832.

GONZÁLEZ VALLEJOS, Miguel, «El concepto de leyes prácticas en la ética kantiana», *Revista de filosofía* 66 (2010), pp. 107-126.

GUISÁN, Esperanza y ARANGUREN, José Luis (eds.), *Esplendor y miseria de la ética kantiana*, Barcelona, Anthropos, 1988.

GUYER, Paul, *Kant's Impact on Moral Philosophy*, Oxford, Oxford University Press, 2024.

—, *Kant's Groundwork for the Metaphysics of Morals: A Reader's Guide*, Nueva York, Continuum, 2007.

—, «Ends of reason and ends of nature: The place of teleology in Kant's ethics», *Journal of Value Inquiry* 36 (2002), pp. 161-186.

—, *Kant on Freedom, Law, and Happiness*, Cambridge, Cambridge University Press, 2000.

—, *Kant's Groundwork of the Metaphysics of Morals: Critical Essays*, Lanbam, Rowman & Littlefield, 1998.

—, *Kant and the Experience of Freedom: Essays on Aesthetics and Morality*, Cambridge, Cambridge University Press, 1993.

HAHMANN, Andree, «Kants Konzeption des Höchsten Gutes als systematische Einheit der Zwecke», en Sebastian Abel y Dieter Hüning (eds.), *Religion, Moral und Kirchenglaube: Beiträge zu Kants «Religion innerhalb der Grenzen der bloßen Vernunft» (1793)*, Berlín y Boston, De Gruyter, 2023, pp. 125-146.

— y KLINGNER, Stefan (eds.), *Kant and Eighteenth-Century German Philosophy: Contexts, Influences and Controversies*, Berlín y Boston, De Gruyter, 2023.

HENRICH, Dieter, «Die Deduktion des Sittegesetzes: über die Gründe der Dunkelheit des letzten Abschnittes von Kants "Grundlegung zur Metaphysik der Sitten"», en Alexander Schwan (ed.), *Denken im Schatten des Nihilismus. Festschrift für Wilhelm Weischedel zum 70. Geburtstag*, Darmastadt, Wissenschaftliche Buchgesellschaft, 1975, pp. 55-112.

HERRERA, Hugo E., «Acceso a la libertad como condición de la consciencia de la ley. Una consideración a partir del análisis de la *Fundamentación de la metafísica de las costumbres* y la *Crítica de la razón práctica* de Immanuel Kant», *Anales del Seminario de Historia de la Filosofía* 40 (2023), pp. 511-521.

HINSKE, Norbert, «Ein unbeachtet gebliebener Kommentar zu Kants *Grundlegung zur Metaphysik der Sitten* aus dem Jahre 1784 – Das *Naturrecht Feyerabend* als Kurzfassung von Kants *Grundlegung zur Metaphysik der Sitten*», en Norbert Hinske (eds.), *Vernunft, Wissen, Glaube. Wege zu einem neuen Verständnis Immanuel Kants*, Springer, Wiesbaden, 2023, pp. 189-194.

HÖFFE, Ottfried (ed.), *Kants Grundlegung zur Metaphysik der Sitten. Ein kooperativer Kommentar,* Fráncfort, Klostermann, 2010.

HORN, Christoph, «Das Bewusstsein, unter dem moralischen Gesetz zu stehen –Kants Freiheitsargument in GMS III», en Dieter Schönecker (ed.), *Kants Begründung von Freiheit*, Leiden, Brill, 2015, pp. 137-156.

HULSHOF, Monique, «O conceito de liberdade e a unidade sistemática entre razão teórica e razão prática em Kant», *Cadernos de Filosofia Alemã* 19 (2014), pp. 27-37.

JIMÉNEZ MORENO, L., «Análisis kantiano del interés moral», en *Anales del Seminario de Historia de la Filosofía* 9 (1992), pp. 583-593.

KAPLAN, Shawn D, «Bringing the Moral Law Closer to Intuition and Feeling: An Interpretive Framework for Kant's Groundwork II», en Valerio Rohden *et al.* (ed.), *Recht und Frieden in der Philosophie Kants. Akten des X. Internationalen Kant-Kongresses*, vol. 3, Boston y Nueva York, Walter de Gruyter, pp. 161-172.

KLEMME, Heiner F., «Gehören hypothetische Imperative zur praktischen Philosophie? Wille und praktische Vernunft in Kants *Grundlegung zur Metaphysik der Sitten* und in der "Ersten Einleitung" in die *Kritik der Urteilskraft*», *Il Cannocchiale* 39 (2014), pp. 209-231.

—, «Moralized Nature, Naturalized Autonomy: Kant's Way of Bridging the Gap in the Third *Critique* (and in the *Groundwork*)», en Oliver Sensen (ed.), *Kant on Moral Autonomy,* Cambridge, Cambridge University Press, 2012, pp. 193-211.

—, «Moralische Stärke: Tugend als eine Pflicht gegen sich selbst», en Heiner F. Klemme *et al.* (eds.), *Moralische Motivation. Kant und die Alternativen,* Hamburgo, F. Meiner Verlag, 2006, pp. 79-95.

KORSGAARD, Christine Marion, *Creating the Kingdom of Ends,* Cambridge, Cambridge University Press, 1996.

KUEHN, Manfred, *Kant: A Biography,* Cambridge, Cambridge University Press, 2001 [ed. cast.: *Kant. Una biografía,* Madrid, Akal, 2024].

LAFONT, Cristina, «Realismo y constructivismo en la teoría moral kantiana: el ejemplo de la ética del discurso», *Isegoría* 27 (2002), pp. 115-129.

LOPES, Egyle Hannah N. y KLEIN, Joel Thiago (eds.), *Comentários às obras de Kant. Fundamentação da Metafísica dos Costumes,* Florianópolis, NéfipOnline, Publicações/UFSC, 2022.

MARDOMINGO, José, «Estudio preliminar», en Immanuel Kant, *Fundamentación de la metafísica de las costumbres,* Barcelona, Ariel, pp. 7-100.

MAREY, Macarena, «El rol de la felicidad ajena en la filosofía práctica de Kant», *Diánoia* 62 (2017), pp. 119-145.

—, «La importancia motivacional de la felicidad en la Ética de Kant: Acerca de virtud, felicidad y religión en la filosofía moral de Kant de Faviola Rivera Castro», *Análisis filosófico* 37 (2017), pp. 79-92.

—, «¿Es la exigencia kantiana de universalización un procedimiento suficiente para establecer contenidos morales-éticos? Algunas consideraciones acerca de una respuesta negativa a esta pregunta», *Areté* 23 (2011), pp. 79-108.

MELCHES GIBERT, Carlos, *Der Einfluss von Christian Garves Übersetzung Ciceros «De officiis» auf Kants «Grundlegung zur Metaphysik der Sitten»,* Ratisbona, Roderer, 1994.

MOLEDO, Fernando, «Kant über Klugheit, Sittlichkeit und Glückseligkeitslehre», *Studia Kantiana* 17 (2019), pp. 71-84.

—, «La naturaleza inescrutable del mal radical y el límite extremo de la razón práctica en la filosofía de Kant», en

Rubén Casado Méndez *et al.* (ed.), *Racionalidad y humanidad: notas desde el pensamiento moderno y contemporáneo*, Santiago de Compostela, Universidad de Santiago de Compostela, 2017, pp. 127-135.

MOLINA, Eduardo, «La noción de sujeto en Kant: autoconciencia, autoconocimiento y conciencia moral», en Gustavo Leyva (ed.), *Guía Comares de Kant*, Granada, Comares, 2023, pp. 223-240.

—, «Kant y el ideal del sabio», *Ideas y valores* 62 (2013), pp. 171-183.

MUGUERZA, Javier, «Kant y el sueño de la razón», en Carlos Thiebaut Luis (ed.), *La herencia ética de la Ilustración*, Barcelona, Crítica, 1991, pp. 9-36.

O'NEILL, Onora, *Acting on Principle: An Essay on Kantian Ethics*, Cambridge, Cambridge University Press, 2013.

—, *Constructions of Reason: Explorations of Kant's Practical Philosophy*, Cambridge, Cambridge University Press, 1989.

ORTIZ MILLÁN, Gustavo, «Sobre la distinción entre ética y moral», *Isonomía* 45 (2016), pp. 113-139.

PATON, Henry James, *The kategorische Imperativ. Eine Untersuchung über Kants Moralphilosophie*, Berlín, Walter de Gruyter, 1962.

—, «The Aim and Structure of Kant's *Grundlegung*», *The Philosophical Quarterly* 31 (1958), pp. 112-130.

PIÑÓN GAYTÁN, Francisco, «El problema ético en la filosofía de Kant», *Política y cultura* 39 (2013), pp. 99-112.

PLACENCIA, Luis, «Die Subjektivität der Maximen bei Kant», en Margit Ruffing *et al.* (eds.), *Kant und die Philosophie in weltbürgerlicher Absicht: Akten des XI. Kant-Kongresses 2010*, Berlín y Nueva York, De Gruyter, 2013, pp. 521-532.

—, «Kant y la voluntad como "razón práctica"», *Tópicos* 41 (2011), pp. 63-104.

PORCHEDDU, Rocco, «Absoluter Wert in Kants *Grundlegung zur Metaphysik der Sitten*», *Kantian Journal* 39 (2020), pp. 7-30.

—, «Das Verhältnis von theoretischer und praktischer Freiheit in der Deduktion des kategorischen Imperativs», *Internationales Jahrbuch des Deutschen Idealismus – International Yearbook of German Idealism* 9 (2011), pp. 79-99.

PULS, Heiko, *Sittliches Bewusstsein und kategorische Imperativ in Kants Grundlegung. Ein Kommentar zum dritten Abschnitt*, Berlín y Boston, De Gruyter, 2016.

—, «Das unmittelbare Bewusstsein des Sittengesetzes: Achtung und moraslisches Interesse in *GMS III*», *Con-Textos Kantianos. International Journal of Philosophy* 3 (2016), pp. 159-183.

QUADRIO, Philip A., «Kant and Rousseau on the Critique of Philosophical Theology: The Primacy of Practical Theology», *Sophia* 48 (2009), pp. 179-193.

REICH, Klaus, *Kant und die Ethik der Griechen*, Tubinga, J. C. B. Mohr, Paul Siebeck, 1935.

RIVERA CASTRO, Fabiola, «La ética de Kant», en Gustavo Leyva (ed.), *Guía Comares de Kant*, Granada, Comares, 2023, pp. 241-258.

RIVERA DE ROSALES, Jacinto, «Análisis kantiano del interés moral», *Anales del Seminario de Historia de la Filosofía* 9 (1992), pp. 99-106.

RODRÍGUEZ GARCÍA, Ramón, *La fundamentación formal de la ética*, tesis doctoral, Madrid, Universidad Complutense de Madrid, 1982.

ROHDEN, Valerio, «La autonomía como principio general del imperativo categórico», *Episteme NS* 28 (2008), pp. 73-92.

ROSS, William David, *Kant's Ethical Theory: A Commentary on the* Grundlegung zur Metaphysik der Sitten, Westport, Greenwood Press, 1954.

ROVIRA, Rogelio, «Las divisiones de la filosofía práctica de Kant», *Anales del Seminario de Historia de la Filosofía* 9 (1992), pp. 79-88.

SÁNCHEZ MADRID, Nuria, «El origen de la cultura en Kant: el hiato entre la vida y la moral», *Areté* 30 (2018), pp. 23-42.

—, «Prudence and the Rules for Guiding Life. The Development of Pragmatic Normativity in Kant's Lectures on Anthropology», en Bernd Dörflinger *et al.* (eds.), *Kant's Lectures on Anthropology/Kants Vorlesungen*, Berlín y Boston, Walter de Gruyter, 2015, pp. 163-178.

—, «La distribución de la naturaleza humana en temperamentos. Modos de sentir y ejercicio de la libertad en la Antropología en sentido pragmático de Kant», *Philosophica: International Journal for the History of Philosophy* 19 (2011), pp. 75-90.

SÁNCHEZ-RODRÍGUEZ, Manuel, «Las raíces filosóficas de Kant: Rousseau, Hume y Leibniz», Gustavo Leyva (ed.), *Guía Comares de Kant*, Granada, Comares, 2023, pp. 21-37.

—, «Kant and His Philosophical Context: The Reception and Critical Transformation of the Leibnizian-Wolffian Philosophy», en M. C. Altman (ed.), *The Palgrave Kant Handbook*, Nueva York, Palgrave, 2018, pp. 49-68.

—, «Argumente für die Spezifizität der pragmatischen Anthropologie Kants», en V. L. Weibel *et al.* (eds.), *Natur und Freiheit. Akten des XII. Internationalen Kant-Kongresses*, Berlín y Boston, De Gruyter, 2018, pp. 2743-2750.

—, «Estudio introductorio», en Immanuel Kant, *Lecciones de antropología. Fragmentos de estética y antropología*, Granada, Comares, 2015, pp. XI-LVIII.

—, *Sentimiento y reflexión en la filosofía de Kant. Estudio histórico sobre el problema estético*, Hildesheim y otros, Olms, 2010.

SCHILPP, Paul Arthur, *Kant's Pre-Critical Ethics*, Evanston y Chicago, North-Western University Studies in the Humanities, 1938.

SCHMUCKER, Josef, *Die Ursprünge der Ethik Kants in seine vorkritischen Schriften und Reflexionen*, Meisenheim am Glan, A. Hain, 1961.

SCHÖNECKER, Dieter, «The Transition from Common Rational Moral Knowledge to Philosophical Rational Moral Knowledge in the Groundwork», en Karl Ameriks *et al.*

(eds.), *Kant's Moral and Legal Philosophie,* Cambridge, Cambridge University Press, 2009, pp. 93-122.

—, «Die, Art von Zirkel im dritten Abschnitt von Kants *Grundlegung zur Metaphysik der Sitten*», *Allgemeine Zeitschrift für Philosophie* 22 (1997), pp. 189-202.

SCHWEIGER, Clemens, *Kategorische und andere Imperative. Zur Entwicklung von Kants praktischer Philosophie bis 1785,* Suttgart-Bad Canstatt, Frommann-Holzboog, 1999.

SENSEN, Oliver (ed.), *Kant on Moral Autonomy,* Cambridge, Cambridge University Press, 2012.

SEVILLA SEGURA, Sergio, *Análisis de los imperativos morales en Kant,* Valencia, Universidad de Valencia, 1979.

STEIGLEDER, Klaus, *Kants «Grundlegung zur Metaphysik der Sitten». Ein einführender Kommentar,* Hamburg, Meiner, 2023.

TIMMERMANN, Jens, *Kant's Groundwork of the Metaphysics of Morals. A Commentary,* Cambridge, Cambridge University Press, 2007.

TOMASSINI ABAURREA, Fiorella, «Right, Morals and the Categorical Imperative», *Kant-Studien* 113 (2023), pp. 513-538.

TUGENDHAT, Ernst, *Lecciones de ética,* Barcelona, Gedisa, 1997.

VIGO, Alejandro G., «Ética y derecho según Kant», *Tópicos* 41 (2011), pp. 105-158.

WELLMER, Albrecht, *Ética y diálogo: elementos del juicio moral en Kant y en la ética del discurso,* Barcelona, Anthropos, 1994.

WILLASCHEK, Marcus, *Praktische Vernunft: Handlungstheorie und Moralbegründung bei Kant,* Weisbaden, Springer-Verlag, 2016.

WOOD, Allen W., *Kant's Ethical Thought,* Cambridge, Cambridge University Press, 1999.

ZIMMERMANN, Stephan, «Was versteht Kant unter einer "Ausnahme"?: Zur Unterscheidung vollkommener und unvollkommener Pflichten in der *Grundlegung Zur Metaphysik Der Sitten*», *Kant-Studien* 114 (2023), pp. 710-727.

FUNDAMENTACIÓN DE LA METAFÍSICA DE LAS COSTUMBRES

La antigua filosofía griega se dividía en tres ciencias: física, ética y lógica[1]. Esta es una división perfectamente adecuada a la naturaleza de la materia y no hay en ella nada que deba ser enmendado, a no ser acaso que se le añada su principio, en parte para asegurar de esta manera su completitud, en parte para poder determinar correctamente las necesarias subdivisiones.

Todo conocimiento racional es o bien *material*, y considera algún objeto, o bien *formal*, y se ocupa meramente de la forma del entendimiento y de la razón misma, así como de las reglas universales del pensar como tal, sin diferenciar entre los objetos. La filosofía formal se denomina *lógica*, mientras que la filosofía material, que tiene que ver con determinados objetos y con las leyes a que estos se someten, se divide a su vez en dos partes. Pues estas leyes son o bien leyes de la naturaleza, o bien de la libertad. La ciencia de las primeras se denomina física; la de las segundas es la ética; aquella se

---

[1] Se trata de la división estoica de las ciencias; véase a este respecto Diógenes Laercio, *Vida y opiniones de los filósofos ilustres,* ed. de C. García Gual, Madrid, Alianza, 2007, quien la atribuye a Zenón de Citio: «Su teoría filosófica se divide en tres secciones: la Física, la Ética y la Lógica. El primero en trazar esta división fue Zenón de Citio en su *Sobre la razón*» (VII, 39, p. 346).

llama también doctrina de la naturaleza[2]; esta, doctrina de las costumbres.

La lógica no puede tener una parte empírica, es decir, una en la que las leyes universales y necesarias del pensar se basen en fundamentos que hayan sido extraídos de la experiencia; pues entonces no sería una lógica, es decir, un canon para el entendimiento o la razón que es válido para todo pensar y debe ser demostrado. Por el contrario, tanto la filosofía natural como la filosofía moral[3] pueden tener cada una su parte empírica, pues la primera tiene que determinar sus leyes a la naturaleza, como un objeto de la experiencia, y la segunda tiene que determinar las de la voluntad del ser humano en tanto que es afectado[4] por la naturaleza; 388 a saber, las primeras, como leyes de acuerdo con las que | todo ocurre; y las segundas, como leyes de acuerdo con las que todo debe ocurrir, si bien también bajo la ponderación de las condiciones por las que muy a menudo no ocurre.

---

[2] En el original: «*Naturlehre*».

[3] Traducimos en ambos casos por «filosofía» la palabra «*Weltweisheit*» [*sabiduría mundana*], una denominación general para esta disciplina presente en Alemania ya en la Edad Media, aunque se populariza principalmente en el siglo XVIII. En tanto que conocimiento dirigido al mundo, la denominación recoge originalmente su oposición al saber trascendente de la teología, con respecto al cual aparece como un saber inferior. Encontramos un uso positivo de la expresión por parte de Paracelso, para quien equivale a «filosofía», así como una extensión de su uso por parte de Wolff, para quien la filosofía, como *Weltweisheit*, es la «ciencia de todas las cosas posibles, de cómo y por qué son posibles» (Christian Wolff, *Vernünfftige Gedancken. Von den Kräfften des menschlichen Verstandes und ihrem richtigen Gebrauch in Erkäntniß der Wahrheit [= Deutsche Logik]* [1713], en *Gesammelte Werke*, sección 1.ª, vol. 1, ed. de H. Werner Arndt, Hildesheim, Olms, 1978, § 1). A este respecto, la *Weltweisheit* ocupa en Wolff un lugar preeminente con respecto a la teología. En la *Crítica de la razón pura* Kant emplea la palabra para designar la misma filosofía trascendental: «la filosofía trascendental es una filosofía [*Weltweisheit*] de la razón pura, meramente especulativa» [B 29]. Sobre Christian Wolff, véase también la nota 11 de la p. 96.

[4] También podría leerse: «en tanto que [la voluntad] es afectada por la naturaleza».

Puede llamarse *empírica* a toda filosofía en cuanto que se apoye en fundamentos de la experiencia, mientras que puede llamarse filosofía *pura* a aquella que expone sus doctrinas únicamente a partir de principios *a priori*. La última se denomina *lógica* si es meramente formal, mientras que se denomina *metafísica* si se restringe a determinados objetos del entendimiento.

Surge de este modo la idea de una doble metafísica: una *metafísica de la naturaleza* y una *metafísica de las costumbres*. Por lo tanto, la física tendrá su parte empírica, pero también una parte racional; y la ética igualmente, si bien en este caso la parte empírica podría denominarse en particular *antropología práctica,* y la parte racional, propiamente, *moral*.

Las industrias, los oficios y las artes han salido ganando en su totalidad con la división de los trabajos, una vez que no lo hace todo uno solo, sino que más bien cada cual se restringe a un cierto trabajo, que se diferencia notablemente de los demás por el modo de manejarse en él, para que pueda ser realizado con la mayor perfección y más fácilmente. Allí donde los trabajos no se diferencian ni distribuyen así, donde cada uno hace las veces de mil artesanos, allí las industrias permanecen aún en la mayor barbarie. Ciertamente, no dejaría de ser por sí mismo digno de consideración preguntarse si la filosofía pura no requeriría que cada una de sus partes tuviera su especialista, y si no le iría mejor a toda la industria erudita con una advertencia dirigida a quienes acostumbran, en conformidad con el gusto del público, a vender lo empírico entremezclado con lo racional según todo tipo de proporciones que ni ellos conocen –esos que se llaman a sí mismos librepensadores mientras llaman meditabundos a quienes preparan la parte meramente racional–, a saber: la advertencia de no ejercer a la vez dos tareas que se diferencian por completo en el modo de ser tratadas y que quizá requieran cada una de ellas talentos especiales, cuya reunión en una persona sólo produce chapuceros; sin embargo, aquí sólo me pregunto si no es una exigencia de la ciencia que en todo momento se separe meticulosamente la parte empírica de la racional, y que a la física (empírica) propiamente dicha se le anteponga una metafísica de la naturaleza, y a la antropología práctica, una metafísica de las costumbres, que tendrían[5] que ser depuradas meticulosamente de todo lo empírico, para saber cuánto | pueda ofrecer la razón pura en ambos casos y de qué fuentes extrae ella misma *a priori* esta instrucción suya, ya sea que esta tarea la lleven a cabo todos los moralistas (pues su nombre es legión)[6] o sólo quienes se sientan llamados a ello.

389

Dado que mi propósito se dirige aquí en realidad a la filosofía moral, restringiré la pregunta previamente planteada a lo siguiente: ¿no se cree de extrema necesidad elaborar de una vez una filosofía moral pura que esté completamente depurada de todo lo que pueda ser empírico y pertenezca a la antropología? Pues que tiene que haber tal filosofía salta a la vista por sí mismo a partir de la idea común del deber y de las leyes morales. Todo el mundo tiene que admitir que si una ley debe valer moralmente, es decir, como fundamento de una obligación, entonces tiene que conllevar necesidad absoluta; y que un mandato como «no debes mentir» no tiene validez sólo para seres humanos, como si otros seres racionales no hubiesen de tenerlo en cuenta; e igualmente con todas las demás leyes morales propiamente dichas; por lo tanto: que aquí el fundamento de la obligación no tiene que buscarse en la naturaleza del ser humano ni en las circunstancias del mundo en que este se encuentra, sino *a priori*, únicamente en conceptos de la razón pura; y que cualquier otra prescripción que se base en principios de la mera experiencia –también una prescripción que sea general sólo

---

[5] Leyendo «*müßten*» (*Menzer*) en lugar de «*müßte*» (A2), y en este último caso habría que traducir «que tendría».

[6] Expresión procedente del Nuevo Testamento donde «legión» es el nombre de una multitud de demonios: «Y Él [Jesús] le preguntó al hombre: "¿Cuál es tu nombre?". Y le respondió diciendo: "Mi nombre es Legión, pues somos muchos"» (Mc 5, 9).

a cierto respecto, si se apoyase aunque sea un poco en fundamentos empíricos, quizá sólo en lo tocante a un motivo– bien puede denominarse una regla práctica, pero jamás una ley moral.

Por consiguiente, en todo el conocimiento práctico, las leyes morales, junto con los principios de ellas, no sólo se diferencian esencialmente de todo lo demás, en lo que hay algo empírico, sino que toda filosofía moral se basa íntegramente en su parte pura y, aplicada al ser humano, no toma prestado ni lo más mínimo del conocimiento acerca de este (antropología); más bien, ella le da leyes *a priori* a este en tanto que ser racional, que obviamente requieren además un Juicio[7] aguzado por la experiencia, en parte para discernir en qué casos ellas tienen su aplicación, en parte para procurarles acceso a la voluntad del ser humano e imprimirles fuerza para ser puestas en ejercicio; dado que el ser humano[8], aunque es capaz de la idea de una razón práctica pura, se encuentra afectado por tantas inclinaciones que no tiene tan fácilmente la facultad de hacer que esta[9] sea eficaz *in concreto*[10] en el curso de su vida.

Así pues, una metafísica de las costumbres es indispensablemente necesaria, no meramente en virtud de la especulación, para | indagar las fuentes de los principios prácticos 390 que *a priori* residen en nuestra razón, sino porque las costumbres mismas quedan expuestas a todo tipo de perversión mientras carezcamos de la guía y la norma suprema de su correcto enjuiciamiento. Pues lo que haya de ser moralmente bueno no basta con que sea *conforme* a la ley moral, sino que también tiene que ocurrir *por ella*; de lo contrario, esa

---

[7] En el original: «*Urteilskraft*», que traduciremos en todos los casos por «Juicio», para diferenciarlo claramente de los «juicios», como los resultados de esta facultad. A este respecto, seguimos la elección clásica de Manuel García Morente.

[8] Leyendo «*dieser*» (Hartenstein) en lugar de «*diese*» (A2).

[9] Puede entenderse tanto «esta idea», como también «la razón».

[10] En latín en el original: «en concreto».

conformidad es muy contingente y precaria, porque si bien el fundamento inmoral producirá de vez en cuando acciones conformes a la ley, a menudo producirá acciones contrarias a ella. Ahora bien, la ley moral, en su pureza y autenticidad (que es justamente lo que más importa en lo práctico), no ha de buscarse más que en una filosofía pura, por lo que esta (metafísica) tiene que anteceder, y sin ella no puede haber en ningún lado una filosofía moral; y la que mezcla los principios puros con los empíricos no merece siquiera el nombre de filosofía (pues esta se diferencia precisamente del conocimiento racional común por exponer en una ciencia separada lo que este sólo comprende entremezclado), mucho menos el de filosofía moral, porque precisamente con esta mezcolanza lo que hace es dañar incluso la pureza de las costumbres mismas e ir en contra del propio fin de ella.

Pero que nadie piense ahora que lo que aquí se exige lo tenemos ya en la propedéutica del célebre Wolff a su filosofía moral, a saber, en lo que él llama *filosofía práctica universal*[11], y, por lo tanto, que aquí no se estaría cubriendo un territorio completamente nuevo. Precisamente porque había de ser una filosofía práctica universal, no tomaba en consideración una voluntad de una especie particular, tal como

---

[11] Christian Wolff (Breslau 1679-Halle, 1754), filósofo alemán, de especial relevancia en el surgimiento de la Ilustración en Alemania; es, por lo tanto, un elemento principal de la constitución del ambiente intelectual de Kant, por lo que en este hallaremos frecuentes tomas de posición con respecto al primero destinadas a aclarar la distancia crítica con este importante referente de la filosofía alemana. Para Wolff, la ley moral se basa en la obligación natural y descansa en última instancia en el principio de razón suficiente que rige en general sobre las cosas y en particular sobre el ser humano, por lo que propiamente su teoría no establece una diferencia específica entre el deber moral y otro tipo de obligaciones (véase al respecto en nuestro «Estudio introductorio» las pp. 14-21). En su *Metafísica de las costumbres* Kant emplea el término «*Philosophia practica universalis*» como subtítulo de la sección cuarta de su Introducción (AA 6: 221-228), cuyo título es «Conceptos preliminares de la metafísica de las costumbres».

la que se determina sin ningún motivo empírico, completamente por principios *a priori*, y que podría llamarse una voluntad pura; más bien, tomaba en consideración el querer
en general, con todas las acciones y condiciones que le corresponden en este significado general, y por eso se diferencia de una metafísica de las costumbres tanto como la lógica
general se diferencia de la filosofía trascendental, la primera
de las cuales expone las acciones y reglas del pensar *en general*, mientras que la segunda expone meramente las acciones y reglas particulares del pensar puro, es decir, de aquel
por el que los objetos se conocen completamente *a priori*[12].
Pues la metafísica de las costumbres debe investigar la idea
y los principios de una posible voluntad *pura*, no las acciones y condiciones del querer humano en general, que en su
mayor parte se extraen de la psicología. El hecho de que en
la | filosofía práctica universal también se hable (si bien con- 391
tra toda atribución) de leyes morales y del deber no constituye ninguna objeción contra mi afirmación. Pues los autores de tal ciencia permanecen aquí fieles a la idea que tienen

---

[12] Véase a este respecto *Crítica de la razón pura*, A 51 y ss./ B 74 y ss.,
especialmente A 55 y s./ B 79 y s.: «Como he señalado, la lógica general
abstrae de todo contenido del conocimiento, es decir, de toda referencia
de este al objeto, y sólo trata la forma lógica en la relación de los conocimientos entre sí, es decir, la forma del pensar en general. Ahora bien, dado
que hay intuiciones tanto puras como empíricas (tal como se expone en
la Estética trascendental), bien podría hallarse también, igualmente, una
diferencia entre un pensar puro y un pensar empírico de los objetos. En
tal caso habría una lógica en la que no se abstraería de todo contenido del
conocimiento; pues aquella que contuviese meramente las reglas del pensar puro de un objeto excluiría todos los conocimientos de contenido empírico. Se centraría también en el origen de nuestros conocimientos de
objetos en tanto que no puede ser atribuido a los objetos; a diferencia
de la lógica general, que no tiene que ver con este origen del conocimiento,
sino que más bien considera las representaciones (ya estén dadas *a priori*
en nosotros de forma primitiva, ya estén dadas sólo empíricamente) meramente según las leyes por las que el entendimiento se sirve de ellas en
su relación recíproca al pensar. Por lo tanto, la lógica general sólo trata la
forma del entendimiento de la que puede proveerse a las representaciones con independencia de la procedencia de estas».

de esta: no diferencian los motivos que, como tales, se representan enteramente *a priori*, meramente por la razón, y que son propiamente morales, de los motivos empíricos que el entendimiento, meramente comparando las experiencias, eleva a conceptos generales; más bien, tratan estos motivos sin atender a la diferencia de sus fuentes, sólo según su mayor o menor suma (en tanto que los consideran a todos como homogéneos), y es así como hacen su concepto de *obligación*, que obviamente es nada menos que un concepto moral, pero, claro está, ha sido constituido tal como sólo puede exigirlo una filosofía que en absoluto juzga acerca del *origen* de todos los conceptos prácticos posibles, es decir, acerca de si estos también tienen lugar *a priori* o meramente *a posteriori*.

Pues bien, con la intención de presentar algún día una *Metafísica de las costumbres*, hago que le anteceda esta *Fundamentación*. Ciertamente, en realidad no hay más fundamento de ella[13] que la *Crítica* de una *razón práctica pura*[14], así como la Crítica de la razón especulativa pura, que ya se ha publicado, lo es de la metafísica. Pero, en parte, aquella no es de tan extrema necesidad como esta[15], porque en los asuntos morales la razón humana, incluso en el caso del entendimiento más común, puede llevarse fácilmente a una mayor corrección y precisión, mientras que, por el contrario, ella es completamente dialéctica en el uso teórico, pero puro; y, en parte, para una crítica de la razón práctica pura exijo que, si ha de ser completa, haya de poder exponer a la vez su

---

[13] Puede leerse «más fundamento de esta metafísica de las costumbres» como también «más fundamento de esta fundamentación», por lo que conservamos la equivocidad del original, si bien es más razonable interpretar lo primero.

[14] La *Metafísica de las costumbres* fue publicada por Kant en 1797-1798; la *Crítica de la razón práctica*, en 1788.

[15] Entiéndase: «la crítica de la razón práctica pura no es de tan extrema necesidad como la crítica de la razón especulativa pura»; otros antecedentes del pronombre, si bien menos razonables, son posibles, por lo que reproducimos la indeterminación del original.

unidad[16] con la razón especulativa en un principio común, porque al fin y al cabo sólo puede ser una y la misma razón, que sólo tiene que diferenciarse en la aplicación. Pero aquí no podía alcanzar esta completitud sin traer a colación consideraciones de una especie completamente diferente que confundirían al lector. En virtud de esto, me he servido del nombre de «*Fundamentación de la metafísica de las costumbres*» en lugar del de «*Crítica de la razón práctica pura*»[17].

En tercer lugar, dado que una *Metafísica de las costumbres*, a pesar del espantoso título, también goza de un alto grado de popularidad y de adecuación al entendimiento común, juzgo útil separar de ella esta elaboración previa del fundamento, para | no verme en la necesidad de adjuntar ulteriormente las sutilezas que son inevitables aquí a doctrinas más comprensibles. 392

Pero la presente fundamentación no es sino la indagación y el establecimiento del *principio supremo de la moralidad,* lo cual constituye por sí solo una tarea completa en su propósito y que ha de mantenerse separada de todas las demás investigaciones morales. Ciertamente, mis afirmaciones sobre esta importante cuestión principal –que tan lejos ha estado hasta ahora de ser discutida satisfactoriamente– se habrían aclarado considerablemente con la aplicación de este

---

[16] Entiéndase: «de la razón práctica pura».

[17] Sobre el cambio de título de esta obra finalmente publicada en 1788, véase *Crítica de la razón práctica*, AA 5: 3: «Por qué esta *Crítica* no lleva el título de *"Crítica de razón práctica pura"*, sino simplemente el de *"Crítica de la razón práctica"*, aunque su paralelismo con la especulativa parezca exigir lo primero, lo explica suficientemente este tratado. Este sólo tiene que establecer que *hay razón práctica pura,* y con este propósito critica toda su *facultad práctica.* Si lo logra, entonces ya no tiene necesidad de criticar la *facultad pura misma* para ver si la razón *no se excede* a sí misma con esta facultad (tal como ocurre, en efecto, con la razón especulativa), como si no fuese más que una arrogación. Pues si ella es efectivamente práctica como razón pura, entonces ella prueba su propia realidad y la de sus conceptos por el hecho mismo, y toda sofistería contra la posibilidad de que así sea es en vano».

principio a todo el sistema y habrían obtenido una importante confirmación con la suficiencia que este muestra por doquier en su aplicación; sin embargo, tuve que desistir de esta ventaja, que en el fondo sería más de amor propio que de utilidad común, porque la facilidad en el uso y la aparente suficiencia de un principio no aportan ninguna prueba completamente segura de su corrección, sino que más bien despiertan cierta parcialidad para que, sin mirar las consecuencias, no se lo investigue ni pondere por sí mismo con todo el rigor.

He adoptado el método en este escrito de la manera que creo más conveniente cuando se desea tomar el camino, analíticamente, desde el conocimiento común hasta la determinación de su principio supremo, para después retroceder, sintéticamente, desde el examen de este principio y desde sus fuentes hasta el conocimiento común en que hallamos su uso.

Así pues, la división ha resultado como sigue:

1. *Sección primera:* tránsito desde el conocimiento racional moral común al filosófico.
2. *Sección segunda:* tránsito desde la filosofía moral popular a la metafísica de las costumbres.
3. *Sección tercera:* último paso, desde la metafísica de las costumbres a la crítica de la razón práctica pura. |

393

SECCIÓN PRIMERA
Tránsito desde el conocimiento racional moral común al filosófico

No es posible pensar nada en el mundo, ni de hecho tampoco fuera de él, que pueda tenerse sin restricción por bueno, a no ser únicamente una buena voluntad. Entendimiento, ingenio, Juicio, y como quiera que se llamen por lo demás los *talentos* del espíritu, o el coraje, la resolución, la perseverancia en lo que uno se propone, como propiedades del *temperamento,* son sin duda buenos y deseables en muchos respectos; pero también pueden llegar a ser extremadamente malos moralmente y dañinos si no es buena la voluntad que ha de hacer uso de estos dones naturales y cuya[1] peculiar constitución se llama por ello *carácter.* Con los *dones de la fortuna* ocurre exactamente lo mismo. El poder, la riqueza, la honra, incluso la salud, así como todo el bienestar y el contento con el propio estado, que reciben el nombre de *felicidad,* infunden coraje y por ello a menudo también arrogancia cuando en ellos no hay una voluntad que corrija y haga universalmente conformes a fin su[2] influjo sobre el ánimo y, con ello, también todo el principio del obrar; por no mencionar que un espectador racional e imparcial jamás podrá complacerse siquiera a la vista de la prosperidad inin-

---

[1] Entiéndase: «la peculiar constitución de la voluntad».
[2] Puede entenderse tanto «el influjo de ellos» como el «influjo de ella».

terrumpida de un ser que no detente ningún rasgo de una voluntad pura y buena; y, de esta manera, la buena voluntad parece constituir incluso la condición indispensable que nos hace dignos de ser felices.

Algunas cualidades favorecen incluso esta buena voluntad y pueden facilitar mucho su obra, pero a pesar de ello 394 | carecen de valor intrínseco incondicionado; más bien, ellas siguen presuponiendo a su vez una buena voluntad, que restringe la alta estima[3] que se les profesa –y por cierto con razón–, lo cual impide que se las tenga por absolutamente buenas. La moderación en los afectos y las pasiones, el dominio de sí mismo y la reflexión serena no sólo son buenos para muchos propósitos, sino que parecen constituir incluso una parte del valor *intrínseco* de la persona; sin embargo, estas cualidades distan aún de ser declaradas buenas sin restricción (por más incondicionadamente que las hayan ensalzado los antiguos). Pues sin los principios de una buena voluntad pueden convertirse en extremadamente malas, y la sangre fría de un malvado no sólo lo hace mucho más peligroso, sino también aún más despreciable inmediatamente ante nuestros ojos de lo que lo sería sin ella.

La buena voluntad no es buena por lo que efectúe o consiga, ni por su aptitud para alcanzar algún fin propuesto, sino sólo por el querer, es decir, es buena en sí misma; y, considerada en sí misma, ha de ser estimada incomparablemente mucho más que todo lo que pudiera llevarse a cabo en favor de alguna inclinación e incluso, si se quiere, de la suma de todas las inclinaciones. Aun cuando a esta voluntad le faltase por completo la facultad de imponer su propósito, por un particular disfavor del destino o una parca dote por parte de una naturaleza madrastra, aun cuando ella trabajara en balde a pesar del mayor de los esfuerzos y, al final,

---

[3] Leyendo *«Hochschätzung»* (A2) en lugar de *«Schätzung»* (A1), y en este último caso habría que leer «estima».

sólo quedase la buena voluntad (por supuesto, no como[4] un mero anhelo, sino como el llamamiento de todos los medios que obren en nuestro poder), entonces, no por ello dejaría de brillar por sí misma, cual una joya, como algo que posee en sí mismo todo su valor. Ni la utilidad ni la esterilidad pueden añadirle ni quitarle nada a este valor. Esto sería sólo el engarce para poder manejarla[5] mejor en el comercio ordinario o para atraer hacia ella la atención de quienes aún no son lo suficientemente expertos, pero no para recomendarla a los expertos ni para determinar su valor.

Sin embargo, en esta idea del valor absoluto de la mera voluntad, sin que en su estimación se tenga en cuenta ninguna utilidad, hay algo tan extraño que –a pesar de que se esté tan de acuerdo con ella, incluso por parte de la razón común– tiene que surgir la sospecha de que esta idea se funda secretamente sólo en fantasías entusiastas y de que pudiera haberse malinterpretado el propósito con el que la naturaleza | le ha asignado a la razón que sea la gobernadora 395 de la voluntad. Por eso vamos a examinar esta idea desde este punto de vista.

En las disposiciones naturales de un ser organizado, es decir, ordenado con arreglo a fines para la vida, asumimos como principio que no hallaremos en él ninguna herramienta para algún fin que no sea también la más conveniente y máximamente adecuada para este. Pues bien, si en un ser que tiene razón y voluntad, el fin de la naturaleza fuese propiamente su *conservación,* su *prosperidad,* en una palabra, su *felicidad,* entonces ella no habría acertado en nada en sus arreglos para ello cuando eligió a la razón de la criatura como ejecutora de su propósito. Pues todas las acciones que esta criatura haya de poner en ejercicio con ese propósito, y la regla toda de su conducta, hubieran podido serle trazadas con mucha más precisión por instinto, y de este modo hubie-

---

[4] Leyendo «*als*» (añadido de Menzer).
[5] Entiéndase: «para manejar la buena voluntad».

se podido alcanzarse aquel fin con mucha más seguridad de como jamás puede ocurrir a través de la razón; y si por añadidura le hubiese sido otorgada la razón a tan aventajada criatura, sólo le habría servido para plantear consideraciones acerca de la afortunada disposición de su naturaleza, admirarse de esta, deleitarse con ella y estar por eso agradecida a su benéfica causa; pero no para someter su facultad de desear a esa débil y engañosa dirección, y entrometerse en el propósito de la naturaleza; en resumen: la naturaleza habría tenido la precaución de que la razón no se hubiera desviado al *uso práctico* ni se hubiera atrevido a idear ella misma, con sus débiles intelecciones, el bosquejo de la felicidad y de los medios de alcanzarla; la naturaleza misma se habría hecho cargo, no sólo de la elección de los fines, sino también de los medios, y con sabia previsión habría confiado ambos únicamente al instinto.

De hecho, también nos encontramos que, cuanto más se emplea una razón cultivada con el propósito de gozar de la vida y de la felicidad, tanto más se aleja el ser humano del verdadero contento; por lo que surge en muchos –a saber, en los más experimentados en el uso de la razón, con tal de que sean lo suficientemente francos– cierto grado de *misología*[6], es decir, de odio a la razón, porque tras el cómputo de todo el provecho que obtienen –no digo ya de la invención de todas las artes del lujo común, sino incluso de las ciencias (que al fin y al cabo a ellos les parecen ser también un lujo del entendimiento)–, descubren no obstante que, en lugar de 396 haber ganado en felicidad, en realidad sólo | se han echado más penurias sobre las espaldas; y es por eso que acaban envidiando más que menospreciando la casta común de la gente, más cercana a la guía del mero instinto natural y que

---

6 Sobre la misología, véase Platón, *Fedón*, traducción de Carlos García Gual, en *Diálogos III: Fedón, Banquete, Fedro*, ed. y trad. de Carlos García Gual, Marcos Martínez Hernández y Emilio Lledó Íñigo, Madrid, Gredos, 2000, 89d-91b, pp. 89-92.

no concede a su razón mucho influjo en lo que hacen o dejan de hacer. Y a este respecto tiene que concederse que no es un juicio amargo u hostil con respecto a la bondad en el gobierno del mundo el de quienes moderan mucho y hasta reducen por debajo de cero los ufanos elogios al provecho que se supone que nos proporciona la razón en lo que respecta a la felicidad y el contento en la vida; más bien, estos juicios se fundan secretamente en la idea de un propósito diferente y mucho más digno de su existencia[7], al que la razón está llamada[8] mucho más propiamente que a la felicidad, y con respecto al cual, por tanto, como condición suprema, el propósito privado del ser humano tiene que ocupar en gran medida un lugar secundario.

Pues, como la razón no es lo suficientemente apta para guiar con seguridad a la voluntad en lo que respecta a los objetos de esta última y a la satisfacción de todas nuestras necesidades (que en parte la razón misma multiplica) –un fin al que un instinto natural implantado habría conducido con mucha mayor certeza–, pero aun así se nos ha concedido la razón como facultad práctica, es decir, como una facultad que ha de tener influjo sobre la *voluntad,* entonces la verdadera vocación[9] de la razón tiene que ser el producir una *voluntad buena,* pero no a propósito de algo otro, *como medio,* sino una *voluntad buena en sí misma,* para lo cual la razón era absolutamente necesaria si es que la naturaleza, en la distribución de sus disposiciones, se ha empleado por doquier con arreglo a fines. Por lo tanto, esta voluntad no tiene por qué ser ni el único bien, ni todo el bien, pero en efecto sí tiene que ser el bien supremo y la condición para todo lo demás, incluso para toda aspiración a la felicidad; y en tal caso este

---

[7] Entiéndase: «de la existencia de quienes moderan mucho [y enuncian tales juicios]».

[8] En el original: «*ganz eigentlich bestimmt sey*».

[9] En el original, «*Bestimmung*», por lo que en el presente contexto puede leerse y traducirse como «función», «destino» o «vocación», en lugar de «determinación».

bien supremo sí que admite su conciliación con la sabiduría
de la naturaleza, si se percibe que cultivar la razón –que es
un requisito para el primer e incondicionado propósito– puede restringir de muchas maneras, al menos en esta vida, la
consecución del segundo propósito, que siempre es condicionado, a saber, la felicidad, pudiendo reducirlo incluso a
menos que nada, sin que la naturaleza esté dejando de proceder aquí con arreglo a fines[10]; porque la razón, que reconó-
ce en la fundación de una buena voluntad su suprema vocación práctica, al conseguir su propósito sólo es capaz de un
contento según su propia especie, a saber, uno debido al cumplimiento de un fin que a su vez sólo se determina por la
razón, por más que esto haya de llevar aparejado un que-
397 branto de los fines de la inclinación. |

Pero con el objeto de desarrollar el concepto de una voluntad que es en sí altamente estimable y buena sin ningún
propósito ulterior, tal como ella cohabita ya en el sano entendimiento natural, y el cual no necesita tanto que se lo enseñe, sino más bien que se lo aclare; para desarrollar, digo, este
concepto que siempre figura al frente de la estimación de
todo el valor de nuestras acciones y que constituye la condición de todo lo demás, vamos a inspeccionar el concepto
de deber, que contiene el de una buena voluntad, si bien bajo
ciertas restricciones y obstáculos de tipo subjetivo[11], los cuales, sin embargo, lejos de ocultarla o hacerla irreconocible,
más bien hacen que ella resalte por el contraste y que brille
con tanta más claridad[12].

---

[10] Sobre la relación del concepto de bien supremo con la sabiduría, y
la relación de la posición de Kant con respecto a la filosofía antigua,
véase *Crítica de la razón práctica*, AA 5: 108 y ss.

[11] Es decir, «bajo ciertas restricciones subjetivas y obstáculos subjetivos».

[12] El sujeto de esta frase puede ser tanto «voluntad» como «concepto
de deber», por lo que también podría haberse traducido: «lejos de ocul-
tarlo o hacerlo irreconocible, más bien hacen que él resalte por el contraste y que brille con tanta más claridad».

Paso por alto aquí todas las acciones que ya son reconocidas como contrarias al deber, por más que puedan ser útiles para algún propósito u otro; pues en relación con estas no se plantea en absoluto la pregunta de si podrían haber ocurrido *por deber*, dado que más bien incluso están en conflicto con él. También dejo de lado las acciones que son efectivamente conformes al deber, pero hacia las cuales los seres humanos *no* tienen inmediatamente *inclinación*, aunque las lleven a cabo por ser impelidos a ello a través de una inclinación diferente. Pues entonces es fácil diferenciar si la acción conforme al deber ha ocurrido *por deber* o a partir de un propósito egoísta. Mucho más difícil es notar esta diferencia cuando la acción es conforme al deber y el sujeto tiene además una inclinación *inmediata* hacia ella. Por ejemplo, es absolutamente conforme al deber que el tendero no cobre de más a su comprador inexperto, y allí donde hay mucho comercio un vendedor prudente en realidad no hace esto, sino que más bien mantiene un precio general fijo para todo el mundo, de tal modo que en su tienda un niño podría comprar como cualquier otra persona. Por lo tanto, uno es servido *honradamente*, pero esto no es ni de lejos suficiente para creer que el vendedor ha procedido de esta manera por deber y por principios de la honradez: su provecho lo requería; pero aquí no es posible asumir que él había de tener además una inclinación inmediata hacia los compradores, para, como por amor, no darle preferencia a ninguno frente a otro en lo que respecta al precio. Por consiguiente, la acción no ocurrió ni por deber, ni por una inclinación inmediata, sino más bien por un propósito debido al propio interés.

En cambio, conservar la propia vida es un deber, y además todo el mundo tiene una inclinación inmediata a ello. Pero, en virtud de esto, el cuidado, a veces angustioso, que la mayor parte de los seres humanos pone en ello, no tiene valor intrínseco, y la máxima de estos carece de | contenido moral. Preservan su vida *en conformidad con el deber*, pero no *por deber*. Sin embargo, cuando las adversidades y una 398 pena desesperada han hecho que desaparezca por completo el gusto por la vida; cuando el infeliz, de alma fuerte, más indignado con su destino que apocado o abatido, anhela morir, pero aun así conserva la vida que no ama, no por inclinación o temor, sino por deber: entonces, su máxima tiene un contenido moral.

Ser benéfico cuando se puede es un deber, y hay además muchas almas tan predispuestas a implicarse que, aunque no haya ningún otro motivo procedente de la vanidad o del propio interés, encuentran un agrado intrínseco en esparcir alegría en torno a sí y pueden regocijarse en el contento de los otros en tanto que es su obra. Pero yo afirmo que, en tal caso, una acción de esta índole, por más conforme al deber y amable que sea, carece sin embargo de un verdadero valor moral y se alinea más bien con otras inclinaciones, como por ejemplo la inclinación a la honra, la cual, si por fortuna acierta en lo que de hecho es de utilidad común y conforme al deber, y es por tanto honroso, merece alabanza y aliento, pero no alta estima; pues la máxima carece de contenido moral, a saber, que tales acciones se lleven a cabo *por deber* y no por inclinación. Así pues, supóngase que el ánimo de este filántropo se viese nublado por su propia pena, que apaga toda implicación en el destino ajeno; que aun así él tuviese la facultad de beneficiar a otros que sufren necesidades, pero no le conmoviera la necesidad ajena, por estar suficientemente ocupado con la suya propia; y que entonces, cuando ya no hubiese una inclinación que lo incitase a ello, aun así se desprendiese de esta mortal insensibilidad y llevase a cabo la acción sin ninguna inclinación, únicamente por deber: sólo entonces tiene esta un verdadero valor moral. Es más, si la naturaleza hubiese depositado poca simpatía en el corazón de tal o cual hombre, si él (que por lo demás es un hombre honrado) fuese frío e indiferente con respecto a los sufrimientos ajenos, quizá por estar provisto él mismo del particular don de la paciencia y de la fortaleza para soportar los propios sufrimientos, lo cual presupone e incluso exige en los otros; si en realidad la naturaleza no hubiese formado tal hombre (que en verdad no sería el peor de sus productos) para ser un filántropo; entonces, ¿acaso no hallaría aún en sí una fuente para darse a sí mismo un valor muy superior al de un temperamento bondadoso? ¡Por supuesto que sí! Precisamente en esto estriba el valor del carácter que | es moral y superior sin parangón, a saber: en que 399 haga el bien por deber, no por inclinación.

Asegurarse la propia felicidad es un deber (al menos indirecto), pues la falta de contento con el propio estado, cuando uno se ve en apuros por muchas preocupaciones, en medio de necesidades insatisfechas, podría convertirse fácilmente en una gran *tentación de infringir los deberes*. Pero incluso sin tener en consideración el deber, todos los seres humanos tienen ya de suyo la inclinación más poderosa e íntima a la felicidad, porque es precisamente en esta idea que todas las inclinaciones se unifican en una suma. Sin embargo, la prescripción de la felicidad suele estar constituida de tal manera que inflige un gran quebranto sobre algunas inclinaciones, y aún así el ser humano no puede formarse, bajo el nombre de «felicidad»[13], un concepto determinado y fiable de la suma de la satisfacción de todas ellas; por eso, no hay que sorprenderse de que una única inclinación, determinada en lo que respecta a lo que promete y al tiempo en el que puede obtenerse su satisfacción, pueda primar sobre una idea vacilante, y que el ser humano, por ejemplo un enfermo de gota, pueda elegir comer lo que le gusta y sufrir como pueda porque, según su cálculo, al menos no se priva de gozar el instante presente en aras de las expectativas, acaso infundadas, de una fortuna que habría de hallarse en la salud. Pero también en este caso, si la inclinación universal a la felicidad no determinase su voluntad, si la salud, al menos para él, no entrase en este cálculo tan necesariamente, entonces aquí, como en todos los demás casos, queda aún una ley, a saber:

---

[13] En el original: «*Glückseligkeit*».

la de promover su felicidad, no por inclinación, sino por deber, y sólo entonces tiene su conducta un verdadero valor moral.

No hay duda de que así han de entenderse también los pasajes de la Escritura[14] en los que se ordena amar al prójimo, incluso a nuestro enemigo. Pues el amor no puede mandarse como una inclinación, pero hacer el bien por el deber mismo –aun cuando no haya en absoluto una inclinación que nos impele a ello, e incluso si se le opone una natural e invencible aversión– es un amor *práctico* y no *patológico*, que reside en la voluntad y no en la propensión de la sensación, en principios de la acción y no en una dulce implicación; pero sólo el primero puede mandarse.

La segunda proposición es[15]: una acción por deber tiene su valor *no en el propósito* que haya de cumplirse a través de ella, sino en la máxima de acuerdo con la que se la decide[16], por lo que | no depende de la realidad efectiva del objeto de la acción, sino meramente del *principio* del *querer* según el cual –sin que se tenga en cuenta ningún objeto de la facultad de desear– ocurre la acción. Queda claro por lo anterior que los propósitos que podamos tener con las acciones, y sus

400

---

[14] Mt 5, 43-46: «Habéis oído que se dijo: "Amarás a tu prójimo y odiarás a tu enemigo". Pues yo os digo: "Amad a vuestros enemigos y rogad por los que os persigan" […]. Porque si amáis a los que os aman, ¿qué recompensa vais a tener?». Lc 6, 27-32: «Pero yo os digo a los que me escucháis: "Amad a vuestros enemigos, haced bien a los que os odien, bendecid a los que os maldigan, rogad por los que os difamen". Al que te hiera en una mejilla, preséntale también la otra; y al que te quite el manto, no le niegues la túnica. A todo el que te pida, da, y al que te tome lo tuyo, no se lo reclames. Y lo que queráis que os hagan los hombres, hacédselo vosotros igualmente. Si amáis a los que os aman, ¿qué mérito tenéis? Pues también los pecadores aman a los que los aman».

[15] No hay una declaración clara y distinta por parte de Kant que nos ayude a identificar cuál pueda ser la primera proposición que antecede a esta segunda proposición, una circunstancia que ha dado lugar a un amplio debate destinado a detectarla o reconstruirla.

[16] La aclaración «sino en la máxima de acuerdo con la que se la decide» es un añadido de Kant en A2.

efectos[17], como fines y motores de la voluntad, no pueden conferir ningún valor moral e incondicionado a las acciones. Por lo tanto, ¿dónde ha de residir este valor, si no ha de consistir en la voluntad por su referencia al efecto que se espera de tal acción? No puede residir *más que en el principio de la voluntad,* sin que se tengan en consideración los fines que puedan efectuarse a través de tal acción; pues la voluntad se encuentra como en una encrucijada, a medio camino entre su principio *a priori,* que es formal, y su motor *a posteriori,* que es material; y como en efecto ella ha de estar determinada por algo, entonces, cuando una acción ocurre por deber, la voluntad tendrá que determinarse por el principio formal del querer como tal, dado que a ella se le ha sustraído todo principio material.

La tercera proposición, como conclusión a partir de las dos anteriores[18], la expresaría así: *el deber es la necesidad de una acción por respeto por la ley.* Por el objeto, como efecto de la acción que tengo intención de llevar a cabo, bien puedo tener *inclinación,* pero *nunca respeto,* justamente porque es[19] meramente un efecto, y no la actividad de una voluntad. Tampoco puedo tener respeto por la inclinación como tal, ya sea la mía o la de otro; a lo sumo puedo, en el primer caso, aprobarla y, en el segundo, a veces, incluso amarla, es decir, considerarla como favorable para lo que me es de provecho. Sólo puede ser un objeto de respeto y, por lo tanto, un mandato aquello que se encuentra en conexión con mi voluntad únicamente como fundamento, pero nunca como efecto; por lo tanto, lo que no está al servicio de mi inclinación, sino que prima sobre ella o al menos la excluye enteramente del

---

[17] Puede entenderse tanto «los efectos de las acciones» como «los efectos de los propósitos», por lo que conservamos la equivocidad original.

[18] Véase en esta edición la nota 15 de la p. 110.

[19] En el original, «*es ist*» (A2), de tal modo que el sujeto de la oración sería «objeto»; Adickes sugiere leer en su lugar «*sie ist*», de manera que el sujeto sería más bien «acción». En nuestra traducción optamos por conservar la suficiente indeterminación para dejar abiertas ambas lecturas.

cálculo en la elección; por lo tanto, sólo la mera ley por sí misma. Pues bien, una acción por deber ha de dejar de lado completamente el influjo de la inclinación y, con esta, todo objeto de la voluntad; por lo tanto, a la voluntad no le queda nada que pueda determinarla más que, objetivamente, la *ley* y, *subjetivamente*, el *puro respeto* por esta ley práctica; por lo tanto: la máxima* | de obedecer tal ley, incluso con el quebranto de todas mis inclinaciones.

401

Por consiguiente, el valor moral de la acción no reside en el efecto que se espera de ella, ni por lo tanto tampoco en ningún principio de la acción que necesite tomar prestada su motivación de este efecto esperado. Pues todos estos efectos (el agrado del propio estado, y hasta la promoción de la felicidad ajena) también podrían haberse realizado por otras causas, por lo que para ello no se requeriría la voluntad de un ser racional; sin embargo, sólo en esto puede hallarse el bien supremo e incondicionado. Por eso, nada más que la *representación de la ley* en sí misma –*que*[20] *por supuesto sólo tiene lugar en el ser racional*–[21], en tanto que ella[22], y no el efecto esperado, es el motivo de la voluntad, puede constituir ese

---

* La *máxima* es el principio subjetivo del querer; el principio objetivo (es decir, aquel que a todo ser racional le serviría como principio práctico también de modo subjetivo si la razón tuviera completo dominio sobre la facultad de desear) es la *ley* práctica [N. de Kant].

---

[20] Entiéndase: «la representación».

[21] Los guiones no se encuentran en el original y han sido introducidos en esta traducción. Sin ellos, la expresión del original es confusa, pues la subordinada «en tanto… de la voluntad» podría tener más de una proposición como principal. Mediante los guiones, sin embargo, se entiende que la proposición indicada, como subordinada, sólo puede valer como explicación de la principal «nada más que… es el motivo de la voluntad», pero no de *«que por supuesto sólo tiene lugar en el ser racional»*. Efectivamente, el original bien puede ser leído también según esta última estructura, pero en este caso hemos preferido no conservar la equivocidad del original, en aras de la legibilidad y, claro está, de la interpretación filosófica del pasaje.

[22] Entiéndase: «la representación».

bien tan preeminente que llamamos bien moral, el cual está presente ya en la persona misma que obra de acuerdo con la representación de la ley[23], pero que no puede esperarse en primer lugar del efecto*.

| Pero ¿qué tipo de ley puede ser esa –cuya representa- 402 ción tiene que determinar a la voluntad incluso sin tomar en consideración el efecto esperado– para que pueda llamarse absolutamente buena y sin restricción? Como he despoja-

---

* Se me podría censurar que al usar la palabra «respeto» sólo estaría buscando refugio en un sentimiento oscuro, en lugar de dar información distinta sobre la cuestión a través de un concepto de la razón. Pero, aunque el respeto es un sentimiento, no es sin embargo un sentimiento *recibido* por el influjo, sino uno *que se efectúa a sí mismo*[24] a través de un concepto de la razón, y por lo tanto es específicamente diferente de todos los sentimientos de la primera especie, que son susceptibles de ser reducidos a la inclinación o el temor. Lo que reconozco inmediatamente como ley para mí, lo reconozco con respeto, que no significa más que la conciencia de la *subordinación* de mi voluntad a una ley, sin mediación de otros influjos sobre mi sentido. La determinación inmediata de la voluntad por la ley, junto con la conciencia de esta determinación, se denomina *respeto*, de tal modo que este es considerado como *efecto* de la ley sobre el sujeto, y no como *causa* de ella. En realidad, el respeto es la representación de un valor que hace quebranto a mi amor propio. Por lo tanto, es algo que no es considerado objeto de la inclinación ni del temor, aunque al mismo tiempo tenga algo análogo con ambos. Así, pues, el *objeto* del respeto es únicamente la *ley*, a saber, aquella que nos imponemos *a nosotros mismos* y a pesar de ello como necesaria en sí misma. Como ley, estamos sometidos a ella, sin consultar al amor propio; en tanto que nos la imponemos por nosotros mismos, es, con todo, una consecuencia de nuestra voluntad y tiene, en relación con lo primero, analogía con al temor y, en relación con lo segundo, con la inclinación. Todo respeto por una persona es propiamente respeto por la ley (por la rectitud, etc.) de la que esta persona nos da un ejemplo. Dado que consideramos también como un deber incrementar nuestros talentos, entonces nos representamos en una persona de talento también, a la vez, el *ejemplo de una ley* (la de parecernos a ella en esto mediante el ejercicio) y esto es lo que constituye nuestro respeto. Todo ese *interés* llamado moral consiste únicamente en el *respeto* por la ley [N. de Kant].

---

[23] También podría leerse «de acuerdo con la ley».
[24] En el original: «*selbtsgewirktes*».

do a la voluntad de todos los impulsos que podrían surgir-
le a ella por seguir alguna ley, no queda más que la universal
conformidad como tal de las acciones a la ley, sólo la cual[25]
ha de servir de principio a la voluntad, es decir: jamás debo
proceder más que de tal modo que *también pueda querer que
mi máxima deba convertirse en una ley universal.* Pues bien,
aquí es la mera conformidad a ley (sin que se funde en ninguna ley que se vea determinada en aras de ciertas acciones)
lo que sirve como tal de principio a la voluntad, y es también lo que tiene que servirle si es que el deber ha de ser,
dondequiera que miremos, algo más que un vano delirio y
un concepto quimérico; y con ello también concuerda perfectamente la razón humana común en su enjuiciamiento
práctico, la cual siempre tiene a la vista dicho principio.

Sea, por ejemplo, la pregunta siguiente: ¿no es permisible, cuando me veo en apuros, que haga una promesa con
el propósito de no mantenerla? Fácilmente establezco aquí
la diferencia que puede tener la pregunta: si hacer una falsa
promesa es prudente, o si es conforme al deber. No hay duda de que lo primero puede ocurrir a menudo. Ciertamente, sé bien que no es suficiente con que me libere de un compromiso presente por medio de este subterfugio, sino que
tendría que deliberar atentamente si, a la postre, a partir de
esta mentira, no podrían presentárseme contrariedades mucho mayores que aquellas de las que ahora me libero, y –dado
que, a pesar de toda mi pretendida *astucia,* las consecuencias no son tan fácilmente previsibles como para que la even-
tual pérdida de la confianza de alguien no pudiese llegar a
convertirse en mucho más perjudicial para mí que todo el
mal que ahora me propongo evitar– si no se habría actuado
más prudentemente procediendo en esto de acuerdo con una
máxima universal y convirtiendo en un hábito propio el no
hacer ninguna promesa si no es con el propósito de man-

---

[25] Entiéndase, «sólo la universal conformidad como tal de las acciones a la ley ha de servir».

tenerla. Pero entonces pronto me resulta evidente que una máxima así aún seguirá fundándose únicamente en las consecuencias que nos inquietan. Ahora bien, es completamente diferente ser veraz por deber que serlo porque me preocupen las consecuencias perjudiciales; pues en el primer caso el concepto de la acción contiene ya en sí mismo una ley para mí, mientras que en el segundo tengo que buscar antes de nada en torno a mí, en cualquier otra parte, qué efectos en mí bien podrían estar ligados a esta acción. Pues si me desvío del principio del deber, entonces se trata con absoluta certeza de algo moralmente malo; pero si I reniego de mi máxima de la prudencia, esto a veces sí puede ser muy provechoso para mí, aunque por supuesto sea más seguro seguir ateniéndome a ella. Sin embargo, para instruirme por el camino más corto pero infalible acerca de la respuesta a este problema –si una falsa promesa es conforme al deber–, me pregunto si yo estaría satisfecho con que mi máxima (la de liberarme de un compromiso por medio de una falsa promesa) hubiese de valer como una ley universal (tanto para mí como para los demás), y entonces bien podría decirme a mí mismo: ¿podría todo el mundo hacer una falsa promesa cuando se encontrase comprometido y no tuviera otra manera de liberarse de ello? De este modo enseguida me percato de que, aunque bien puedo querer la mentira, de ningún modo puedo querer una ley universal de mentir; pues según una ley de esta índole no habría en realidad ninguna promesa en absoluto, porque sería vano simular mi voluntad en lo que respecta a mis acciones futuras frente a otros que sin embargo no se la creen o, si creyesen en ella precipitadamente, sin duda me pagarían a mí con la misma moneda; por lo que mi máxima se destruiría a sí misma tan pronto como se hiciese de ella una ley universal.

Por lo tanto, no necesito en absoluto una agudeza de amplio alcance para saber qué tengo que hacer para que mi voluntad sea moralmente buena. Inexperto en lo que respecta al curso del mundo, incapaz de estar preparado para todos

403

los acontecimientos que ocurren en él, tan sólo me pregunto: ¿puedes querer también que tu máxima se convierta en
una ley universal? Cuando no es así, es reprobable, y no por
cierto en virtud de un perjuicio inminente que pueda resultar para ti o también para otros, sino porque ella no puede
tener cabida como principio en una posible legislación universal; pero la razón me arranca inmediato respeto por ella,
y aunque es cierto que ahora no *comprendo* aún cuál sea su
fundamento (que ha de ser investigado por el filósofo), sí
comprendo al menos que se trata de una estimación de aquel
valor que prima sin igual sobre cualquier valor de lo que es
encomiado por la inclinación, así como que la necesidad de
mis acciones por *puro* respeto por la ley práctica es aquello
que constituye el deber, ante el que[26] tiene que ceder toda
motivación diferente, porque es la condición de una voluntad buena *en sí misma,* cuyo valor es superior a todo.

Así pues, hemos llegado en el conocimiento moral de la
razón humana común hasta su principio; sin duda, ella no
piensa en él de esta manera, por separado en una forma
universal, sino que en realidad más bien siempre lo tiene a
la vista y lo emplea como patrón de medida de su enjuicia-
404   miento. | Sería fácil mostrar aquí[27] cómo, con esta brújula
en la mano, la razón estaría perfectamente preparada para
discernir en todos los casos que se le ofrezcan qué sea bueno, qué sea moralmente malo, qué sea conforme al deber o
qué sea contrario a este, tan sólo con que a ella, sin necesidad
de que se le enseñe nada nuevo, se le llame la atención sobre su propio principio –como hacía Sócrates–; y sería fácil
mostrar, por lo tanto, cómo no se necesita de ninguna ciencia
ni filosofía para saber qué se haya de hacer para ser honrado

---

[26] Resulta plausible entender que Kant se refiere al «deber», pero el
antecedente también podría ser tanto «respeto» como «la necesidad de
mis acciones por respeto», y en este último caso habría que traducir «ante
la que».
[27] Leyendo «*Hier*» (A2) en lugar de «*Gleichwohl*» (A1), y en este último caso habría de leer «sin embargo».

y bueno, e incluso sabio y virtuoso. En efecto, ya desde el principio cabía presumir que el conocimiento de lo que a cada cual le compete hacer, y, por lo tanto, también saber, es una cuestión que también le incumbe a todo ser humano, también al más común. Aquí puede observarse, no sin admiración, cómo en el entendimiento humano común la facultad práctica de enjuiciamiento aventaja tanto a la teórica[28]. En esta, cuando la razón común se aventura a apartarse de las leyes de la experiencia y de las percepciones de los sentidos, se interna en la pura incomprensibilidad y en contradicciones consigo misma, o como poco en un caos de incertidumbre, oscuridad e inestabilidad. Pero en lo práctico la fuerza judicativa comienza a mostrar su provecho precisamente sólo una vez que el entendimiento común excluye todo motor sensible de las leyes prácticas. Entonces incluso se vuelve sutil, ya sea que chicanee[29] con su conciencia moral u otras pretensiones relativas a lo que haya de llamarse justo, ya sea que quiera determinar con franqueza, para

---

[28] Sobre esta cuestión, y en relación con la referencia precedente a Sócrates, en su *Enciclopedia filosófica* Kant sostiene: «En los seres humanos ha residido desde hace tiempo una idea oculta de la filosofía. Pero esta idea en parte no la han entendido, y en parte la han considerado como una contribución a la erudición. Si atendemos a la antigua filosofía griega, como Epicuro, Zenón, Sócrates, etc., descubrimos que el objeto principal de su ciencia era la vocación del ser humano y los medios para alcanzarla. Por lo tanto, fueron mucho más fieles a la verdadera idea del filósofo que en los tiempos modernos, cuando se halla en el filósofo un artífice de la razón. Sócrates fue el primero que estableció una diferencia entre filosofía como especulación y como sabiduría. Era precisamente el Sócrates del que se decía que su filosofía habría de ser tomada del cielo. Él enseñaba que las especulaciones no ayudan en nada al cumplimiento de nuestra vocación, sino que, si queremos alcanzar esto, más bien debemos examinar nuestra conducta. No usaba su filosofía para ocupar nuestra admiración o nuestro anhelo de saber, sino para enseñarnos la sabiduría. Pues no tiene un valor todo lo que entretiene, sino lo que contiene los verdaderos fines» (AA 29: 9).

[29] En el original: *«schickanieren»*, es decir, emplear chicanas o artimañas, especialmente en un proceso judicial.

su propia enseñanza[30], el valor de sus acciones; y lo que es más importante, en el último caso el entendimiento común puede esperar acertar tan bien como pueda prometer un filósofo, e incluso en esto está cerca de tener hasta mayor seguridad que el último, porque este en efecto no tiene un principio diferente al del entendimiento común, pero fácilmente puede llenar su juicio de confusión y perder el rumbo por multitud de consideraciones extrañas y que no son pertinentes para la cuestión. Por eso, ¿no sería más aconsejable en asuntos morales darse por satisfecho con el juicio de la razón común y, a lo sumo, emplear la filosofía sólo para presentar el sistema de las costumbres de un modo más completo y comprensible, así como sus reglas de una manera más conveniente para el uso (pero todavía más para la disputa), pero no para sacar al entendimiento humano común, ni siquiera con un propósito práctico, de su feliz simplicidad y conducirlo a través de la filosofía a un nuevo camino de investigación y enseñanza?

405 | La inocencia es algo espléndido, pero al mismo tiempo es una pena que sea tan difícil de preservar y tan fácil de seducir. Debido a esto, incluso la sabiduría –que, por lo demás, puede que consista más en la acción y en la omisión[31] que en el saber–[32] necesita también de la ciencia, no para

---

[30] Leyendo «*Belehrung*» (A2) en lugar de «*Belohnung*» (A1), y en este último caso habría que traducir «recompensa».

[31] En el original: «*Thun und Lassen*». La expresión aparece en el título de la llamada *Ética alemana* de Wolff, donde este defiende la interconexión entre conocimiento y virtud que ya había bosquejado previamente en su *Lógica alemana*. En el prólogo de esta *Ética* expone la concepción de que la acción virtuosa se consigue mediante el ejercicio regular tanto de hábitos como de modos de pensar, lo cual ha de permitir hacer el bien y omitir o evitar el mal. Véase a este respecto Christian Wolff, *Vernünfftige Gedancken von der Menschen Thun und Lassen, zu Beförderung ihrer Glückseligkeit, den Liebhabern der Wahrheit mitgetheilet* [1720, ⁵1736], ed. de Hans Werner Arndt, en *Christian Wolff Gesammelte Werke*, I.4, Hildesheim, Olms, 2006.

[32] Los guiones son propios del original.

aprender de ella, sino para hacer que su precepto sea accesible y pueda durar. El ser humano siente en sí mismo un poderoso contrapeso a todos los mandatos del deber –que la razón le presenta como tan dignos del mayor respeto– en sus necesidades e inclinaciones, cuya entera satisfacción recopila con el nombre de «felicidad». Ahora bien, la razón ordena sus preceptos de modo impostergable, sin prometer con ello nada a las inclinaciones, por lo tanto, como si dejase atrás irrespetuosamente aquellas pretensiones tan impetuosas y que aun así parecen tan justas (que no admiten ser suprimidas por ningún mandato). Pero a partir de esto surge una *dialéctica natural*, es decir, una propensión a raciocinar sofísticamente en contra de aquellas estrictas leyes del deber y a poner en duda su validez, o al menos su pureza y rigor, y a hacerlas en lo posible más convenientes a nuestros anhelos e inclinaciones, es decir, corrompiendo su fundamento y privándolas de toda su dignidad, aunque esto ni siquiera la razón práctica común puede acabar dándolo por bueno.

Por lo tanto, es así como la *razón humana común* es impelida a salir de su esfera y dar un paso en el campo de la *filosofía práctica,* no porque lo requiera la especulación (algo que nunca le pasa en tanto que le baste con seguir siendo sana razón), sino precisamente por razones prácticas, para obtener informes e instrucción distinta acerca de la fuente de su principio y la correcta determinación de este en contraposición a las máximas que se sustentan en las necesidades[33] y la inclinación, de tal modo que pueda salir de la perplejidad ante las pretensiones de ambas partes y salvar el peligro de verse privada de todos los verdaderos principios morales debido a la ambigüedad en que ella cae fácilmente. Así pues, tal como sucede en el uso teórico, también en la razón práctica común, cuando esta se cultiva a sí misma, se origina inadvertidamente una *dialéctica* que la constriñe a buscar

---

[33] En el original: «*Bedürfnis*», en singular.

ayuda en la filosofía, por lo que la razón práctica, al igual que la teórica, no encontrará sosiego más que en una crítica 406 completa de nuestra razón. |

SECCIÓN SEGUNDA

Tránsito desde la filosofía moral popular[1] a la metafísica de las costumbres

Si hasta ahora hemos extraído nuestro concepto del deber a partir del uso común de nuestra razón práctica, de ningún modo cabe inferir de esto que lo hayamos tratado como un concepto empírico. Más bien, si prestamos atención a la experiencia de la acción y la omisión en el ser humano, encontramos quejas frecuentes y, como nosotros mismos admitimos, justificadas de que ni siquiera es posible dar un ejemplo fiable de la actitud de obrar por puro deber; de que, si bien muchas cosas podrían ocurrir *en conformidad con* lo que el *deber* manda, no dejará de ser dudoso si en realidad ocurre *por deber* y, por lo tanto, si tiene un valor moral. A eso se debe que en cada época siempre haya habido filósofos que han negado absolutamente la realidad efectiva de esta actitud en las acciones humanas y lo hayan atribuido todo al más o menos refinado amor propio; eso sí, sin que por ello pusieran en duda la corrección del concepto de la moralidad, sino más bien aludiendo con profundo pesar a la fragilidad e impureza de la naturaleza humana, que es por cierto lo suficientemente noble como para hacer de una idea tan digna de respeto su prescripción, pero a la vez dema-

---

[1] En el original: «*populären sittlichen Weltweisheit*». Sobre la filosofía moral popular, véase en esta edición el «Estudio introductorio», pp. 21-28.

siado débil como para cumplirla, y que usa la razón, que debería servirle para la legislación, sólo para cuidar del interés de las inclinaciones, ya sean estas individuales o, a lo sumo, 407 en la máxima compatibilidad de las unas con las otras. |

De hecho, es absolutamente imposible señalar con toda certeza mediante la experiencia un solo caso en el que la máxima de una acción, por lo demás conforme al deber, se haya basado únicamente en fundamentos morales y en la representación del propio deber. Pues aunque a veces se da el caso de que no encontramos, ni con la más aguda introspección, qué haya podido ser más poderoso que el fundamento moral del deber para movernos a tal o cual buena acción o tan gran sacrificio, a partir de esto, sin embargo, no puede concluirse con certeza que en realidad la verdadera causa determinante de la voluntad no haya sido de ninguna manera un impulso del amor propio que sólo se oculta detrás del espejismo de aquella idea; y es por eso que nos gusta complacernos con un motivo más noble que nos arrogamos falsamente, aunque de hecho no podamos llegar jamás completamente, ni con el examen más concienzudo, a lo que está detrás de los motores ocultos; porque cuando se trata del valor moral, lo que cuenta no son las acciones, que se ven, sino aquellos principios internos de ellas, que no se ven.

A la vez, el mejor modo de atender a los deseos de quienes se burlan de toda moralidad como una mera fantasía propia de una imaginativa[2] del ser humano sobrepasada por su propia presunción, es el concederles que los conceptos del deber tendrían que extraerse únicamente de la experiencia (con la misma comodidad con que uno se convence a sí mismo que ocurre también con los demás conceptos), pues entonces se les dispensa un triunfo seguro. Estoy dispuesto a conceder por amor a la humanidad que incluso la mayor parte de nuestras acciones es conforme al deber; pero si se miran

---

[2] En el original: «*Einbildung*».

más de cerca los pensamientos y las acciones[3] del ser humano, entonces uno se topa por doquier con el preciado *sí mismo*[4], que siempre sale a relucir, como aquello en que se sustenta su propósito, y no en el estricto mandato del deber, que a menudo exigiría abnegación. No hace falta ser precisamente un enemigo de la virtud, sino que basta con ser un observador sereno que no toma enseguida el anhelo más vivido del bien por la realidad efectiva de este, para que (principalmente con el paso de los años, una vez que se dispone de un Juicio que, por experiencia, en parte se ha hecho precavido y en parte se ha aguzado para la observación) en ciertos momentos se llegue a dudar de si hay algún lugar en el mundo donde efectivamente pueda encontrarse verdadera virtud. Y entonces ya nada puede protegernos de nuestra completa defección con respecto a nuestras ideas del deber ni conservar en el alma un fundado respeto hacia su ley, a no ser la clara convicción de que, aun cuando nunca hubiesen existido acciones que | hubiesen surgido de estas fuentes 408 puras, de lo que se trata aquí no es, sin embargo, de si ocurre esta o aquella acción, sino más bien de que la razón, por sí misma y con independencia de todos los fenómenos, manda lo que debe ocurrir; por lo tanto, que acciones, de las cuales el mundo quizá no ha dado hasta ahora ningún ejemplo y de cuya factibilidad bien podría dudar quien todo lo funda en la experiencia, son mandadas, sin embargo, por la razón de modo impostergable; y que, por ejemplo, a ningún ser humano deja de exigírsele la lealtad pura en la amistad aun cuando hasta ahora pueda no haber existido ningún amigo leal[5],

---

[3] En el original, Kant emplea «*Dichten und Trachten*», una expresión idiomática que no podemos traducir literalmente en nuestro idioma.

[4] En el original: «*Selbst*», sustantivado a través del uso de las mayúsculas, pero sin cursiva. Usamos esta fórmula para su traducción con el objeto de conservar esta sustantivación, pero, igualmente, para diferenciarlo de «*das Ich*», a saber, «el *yo*».

[5] *Metafísica de las costumbres*, AA 6: 470: «La amistad, pensada como alcanzable en su pureza o completitud (como entre Orestes y Pílades, Teseo

porque este deber, como deber en cuanto tal, con anteriori-
dad a toda experiencia, reside en la idea de una razón que
determina a la voluntad por fundamentos *a priori.*

Añádase que, si no se quiere negar al concepto de la moralidad toda verdad y referencia a un objeto posible, no puede ponerse en tela de juicio que su[6] ley tiene un significado de tal extensión que tiene que valer, no sólo para seres
humanos, sino para todos los *seres racionales como tales,* no
meramente bajo condiciones contingentes y con excepciones,
sino *de modo absolutamente necesario;* así pues, es claro que
ninguna experiencia puede dar ocasión a inferir ni siquiera
la posibilidad de estas leyes apodícticas. Pues ¿con qué derecho podemos atribuir un respeto irrestricto, como una prescripción para toda naturaleza racional, a lo que quizá sólo
tiene validez bajo las condiciones contingentes de la humanidad, y cómo es que leyes de la determinación de *nuestra*
voluntad deben tenerse por leyes de la determinación de
la voluntad de un ser racional en cuanto tal y, sólo en este
sentido, como leyes también para nuestra voluntad, si estas
fueran meramente empíricas y no se originasen completamente *a priori,* a partir de la razón pura pero práctica?

Además, no se le podría ofrecer peor servicio a la moralidad que quererla derivar de ejemplos. Pues de todo ejemplo

---

y Piritoo) es el tema predilecto de los novelistas; en cambio, Aristóteles
dice: "Queridos amigos míos, ¡no hay ningún amigo!". Las observaciones
que siguen pueden llamar la atención sobre las dificultades de la amistad». Véase también *Antropología en sentido pragmático,* AA 7: 152. La posición de Aristóteles es descrita por Diógenes Laercio, *Vida y opiniones de los
filósofos ilustres,* ed. de Carlos García Gual, Madrid, Gredos, 2007, V, 21, p.
238: «Relata Favorino en el segundo libro de sus *Recuerdos* que una y otra
vez repetía: "Quien tiene amigos, no tiene amigo". Que también se encuentra en el libro séptimo de sus *Éticas.* Y eso es lo que se le atribuye». La
referencia es presumiblemente al libro VII de *Ética eudemia,* donde Aristóteles diferencia entre la amistad propiamente dicha, basada en la virtud,
la amistad basada en la utilidad y la basada en el placer (véase Aristóteles, *Ética nicomáquea. Ética eudemia,* intro. de Emilio Lledó Íñigo, trad. y
notas de Julio Pallí Bonet, Madrid, Gredos, 1995, libro VII, pp. 490-533).

   [6] Entiéndase: «la ley del concepto».

de ella que se me presente debe antes juzgarse, de acuerdo con principios de la moralidad, si él es también digno de servir como ejemplo originario, es decir, como modelo, pero de ningún modo puede comenzar aportando él en primer lugar el concepto de la moralidad. Incluso el Santo del Evangelio[7] tiene que ser comparado primero con nuestro ideal de la perfección moral para que pueda ser reconocido como tal ideal; además, él dice de sí mismo: «¿Por qué me llamáis bueno a mí (a quien veis), si nadie más que el Dios único (a quien no veis) es bueno (el arquetipo del bien)?»[8]. Pero ¿de dónde obtenemos el concepto de Dios, | como el bien supremo? Únicamente de la *idea* que *a priori* la razón bosqueja de la perfección moral y que ella conecta de modo indisoluble con el concepto de una voluntad libre. En cuestiones morales la imitación no tiene ningún lugar y los ejemplos sirven sólo para infundir aliento, es decir, despejan las dudas con respecto a la factibilidad de lo que la ley manda y hacen intuitivo lo que la regla práctica expresa de un modo más universal, pero nunca pueden autorizar a dejar a un lado el verdadero original de esta ley, que reside en la razón, y a regirse según ejemplos.

409

Pero, entonces, si no hay ningún auténtico principio de la moralidad que haya de basarse meramente en la razón pura, con independencia de toda experiencia, entonces pienso que ni siquiera hay necesidad de preguntarse si es bueno exponer en general (*in abstracto*)[9] estos conceptos, tal como ellos, junto con los principios correspondientes, se establecen *a priori,* en la medida en que el conocimiento haya de diferenciarse del común y ser llamado filosófico. Pero en nuestros días esto bien puede ser necesario. Pues si se recogiesen votos sobre qué se prefiere, si conocimiento racional

---

[7] Es decir, Jesús de Nazaret.

[8] Las declaraciones contenidas en los paréntesis son propias de Kant y no forman parte del texto original del *Nuevo Testamento:* «¿Por qué me llamas bueno? Nadie es bueno sino sólo Dios» (Lc 18, 19).

[9] En latín en el original: «en abstracto».

puro, separado de todo lo empírico, por lo tanto, metafísica de las costumbres, de un lado, o filosofía práctica popular, del otro, entonces se descubriría rápidamente de qué lado está la mayoría.

Con todo, esta condescendencia hacia los conceptos populares es muy meritoria una vez que ya ha ocurrido el ascenso a los principios de la razón pura y esto se ha logrado de una manera completamente satisfactoria, lo cual significaría tanto como *fundar* en primer lugar la doctrina de las costumbres en la metafísica y, una vez que ha sido establecida, hacerla luego *accesible* por medio de la popularidad. Pero querer complacer a esta ya en la primera investigación, de la cual depende toda corrección de los principios, es en extremo disparatado. No es sólo que este proceder nunca puede reivindicar el mérito sumamente raro de una verdadera *popularidad filosófica,* en tanto que el ser comprendido por todos no es ningún arte si para ello se renuncia a toda intelección rigurosa; y de este modo saca a la luz una repulsiva mezcolanza de observaciones que han sido compiladas atropelladamente y principios medio sofísticos, para solaz de cabezas huecas, porque, en efecto, nada hay más a propósito para el parloteo cotidiano, aunque en tal caso los inteligentes sientan confusión y desvíen molestos la mirada sin saber qué hacer, y por más que los filósofos que descubren sin problemas el engaño apenas encuentran quien les escu-
410 che cuando | piden que se retire de circulación por un tiempo esta pretendida popularidad, para estar autorizados con derecho a ser populares sólo una vez que han adquirido una intelección determinada.

Basta mirar los ensayos acerca de la moralidad según ese gusto tan en boga para encontrar, en una admirable mezcla, ya sea la vocación particular de la naturaleza humana[10] (y de tarde en tarde también la idea de una naturaleza racional como tal), ya sea perfección, ya sea felicidad, aquí senti-

---

[10] En el original: «*die besondere Bestimmung der menschlichen Natur*».

miento moral, por allí temor de Dios, una pizca de esto y también de lo otro; sin que a nadie se le ocurra preguntarse si los principios de la moralidad hay que buscarlos en cualquier parte del conocimiento de la naturaleza humana (el cual al fin y al cabo sólo podemos sacarlo de la experiencia) y, si no es el caso –si estos principios han de hallarse de modo enteramente *a priori*, libres de todo lo empírico, simplemente en conceptos racionales puros sin más, y no en otro lugar, ni siquiera en una parte mínima de estos–, uno se decida más bien por separar completamente esta última investigación, como filosofía práctica pura o (si se permite el uso de una palabra tan desacreditada) como metafísica* de las costumbres, y conducirla por sí misma a su entera completitud, dejando a la espera al público que exige popularidad, hasta la terminación de esta empresa.

Pero esta metafísica de las costumbres completamente aislada, que no se mezcla con ninguna antropología, ni teología, ni física o hiperfísica, menos aún con cualidades ocultas (que podrían llamarse hipofísicas), no es sólo un substrato indispensable de todo conocimiento teórico y firmemente determinado de los deberes, sino a la vez un desiderátum de máxima importancia para la ejecución efectiva de las prescripciones de este[11]. Pues la representación pura del deber

---

* Si se quiere, se puede diferenciar la filosofía pura de las costumbres (metafísica) de la aplicada (a saber, a la naturaleza humana) (por lo tanto, como la matemática pura se diferencia de la aplicada, y la lógica pura de la aplicada). Con la primera denominación se advertirá además enseguida que los principios morales no deben fundarse en las peculiaridades de la naturaleza humana, sino que han de subsistir *a priori* por sí mismos, pero que ha de ser posible derivar reglas prácticas de estos principios para toda naturaleza racional, por tanto, también para la naturaleza humana [*N. de Kant*].

---

[11] Puede entenderse tanto «de las prescripciones de este conocimiento» como también «de las prescripciones de la metafísica de las costumbres», si bien optamos por la primera lectura, más coherente con la declaración en la página siguiente («no sólo es una exigencia de la mayor

–y en general de la ley moral–, ajena a toda mezcla con añadido de incentivos empíricos, por el camino de la sola razón
(que entonces se percata por vez primera de que ella también puede ser práctica por sí misma), tiene un influjo sobre el corazón humano tan poderoso como todos los demás
411 | motores* que puedan ser reclutados desde el campo em-
pírico, de tal modo que ella, al ser consciente de su digni-

_____

* Tengo una carta del excelentísimo *Sulzer*[12], que en paz descanse, en
la que me pregunta cuál pueda ser la causa por la que las doctrinas de la
virtud logran tan poco, a pesar de tener en sí tanto de convincente para
la razón. Mi respuesta se retrasó debido a los preparativos para hacer que
esta fuese completa. Pero no es otra que el hecho de que incluso quienes
enseñan estas doctrinas no han puesto en claro sus conceptos y, al querer
hacerlo demasiado bien, proporcionando móviles de todas partes para el
bien moral, más bien echan a perder la medicina que querían hacer bien
potente. Pues la observación más común muestra que, cuando se representa una acción propia de la rectitud –como puesta en ejercicio con alma
firme, como una acción aislada de todo propósito de obtener algún provecho, en este o en otro mundo, incluso bajo las mayores tentaciones de
la necesidad o de la seducción–, ella deja muy atrás y oscure toda acción
semejante que tan sólo se vea afectada en lo más mínimo por un motor
ajeno, eleva el alma y excita el anhelo de poder también obrar así. Incluso
los niños de edad intermedia sienten esta impresión, y los deberes tampoco deberían serles representados nunca de otro modo [*N. de Kant*].

_____

necesidad con un propósito teórico, cuando sólo se trata de la especulación, sino que es también de la mayor importancia práctica el extraer sus
conceptos y leyes a partir de la razón pura», AA 5: 411).
   [12] Johann Georg Sulzer (Winterthur, 1720-Berlín, 1779), filósofo y pe-
dagogo suizo. Especial influencia en Alemania tuvo su *Allgemeine Theo-
rie der schönen Künste* (1771-1774), así como su traducción al alemán en
1755 de *An Enquiry Concerning the Principles of Morals* de Hume, que per-
mitió la popularización del empirismo y el escepticismo de este último en
Alemania, así como la recepción de estas ideas por parte del propio Kant.
La carta de Sulzer referida por Kant es posiblemente la de diciembre de
1770, donde el primero escribe: «Ya me gustaría saber por usted si podemos albergar la esperanza de ver pronto su obra sobre la metafísica de la
moral. Esta es una obra de la máxima importancia debido a la inseguri-
dad en que se encuentra aún la teoría moral. También he ensayado algo
de este tipo al emprender la resolución de esta pregunta: ¿En qué consiste
propiamente la diferencia física o psicológica entre el alma que llamamos
virtuosa y la que es viciosa? He intentado hallar las verdaderas disposi-

dad, desprecia a estos últimos y puede llegar progresivamente a dominarlos; en lugar de esto, una doctrina de las
costumbres mixta, compuesta a la vez de motores procedentes de sentimientos e inclinaciones tanto como de conceptos
racionales, tiene que hacer oscilar[13] al ánimo entre móviles
que no admiten ser subsumidos a principio alguno, y que
sólo muy contingentemente pueden conducir a lo bueno,
pero a menudo también a lo moralmente malo.

De lo dicho resulta claro que todos los conceptos morales tienen su asiento y origen en la razón de manera completamente *a priori*, y por cierto tanto en la razón humana
más común como en la que es especulativa en grado máxi-

---

ciones para la virtud y el vicio en las primeras manifestaciones de las representaciones y las sensaciones, y creo que mi empresa no ha sido completamente en vano, dado que me ha conducido a conceptos que me son
bastante simples y fácilmente comprensibles, los cuales pueden ser apli-
cados sin esfuerzo ni rodeos a la enseñanza y la educación» (*Carta de Sulzer a Kant,* 8 de diciembre de 1770, AA 10: 112). El ensayo mencionado es
presumiblemente *Psychologische Betrachtungen über den sittlichen Menschen,* de 1773, incluido en sus *Vermischte philosophische Schriften.* Aquí Sulzer se pregunta cuál es el camino que permite alcanzar la sabiduría, para
lograr la virtud y la felicidad, así como para evitar el vicio: «La mera reflexión es suficiente para conducirnos a la sabiduría, pero no para generar
la virtud de la justicia. Es cierto que extrae su origen de un silogismo muy
fácil [...]. Aquí está: Todos los seres humanos son iguales entre sí; por
consiguiente, todos ellos tienen las mismas pretensiones naturales; ahora
bien, yo tengo tal o cual pretensión; por lo tanto, también la tiene cualquier otro además de mí; por lo tanto, sería absurdo y contradictorio entrar en conflicto con ella [...]. No se puede ser justo hasta que no se ha
llegado al grado de la razón que transforma en sensación la representación o el conocimiento de lo verdadero. Aquella verdad que constituye el
fundamento de la justicia debe incorporarse al alma de un modo tal que
pueda ser sentida en el alma como una de sus modificaciones [...], tal
como ella siente cuando es constreñida a ello por una sensación sensible,
como algo que se opone a su naturaleza» (Johann George Sulzer, *Vermischte Philosophische Schriften* [1773-1781], 2.ª ed., Leipzig, 1782, primera
parte, pp. 303-305. Sobre la relación de Kant con la filosofía popular, véase
en esta edición el «Estudio introductorio», pp. 21-28).

[13] Leyendo «*schwankend*» (A2) en lugar de «*verwirrt*» (A1), y en este
último caso habría que leer «hacer que el ánimo se confunda».

mo; que ellos no pueden ser abstraídos de ningún conocimiento empírico y, con ello, meramente contingente; que es precisamente en esta pureza de su origen donde reside su dignidad para servirnos de principios prácticos supremos; que siempre que se les añade algo empírico, se les sustrae también otro tanto de su auténtico influjo y del valor irrestricto de las acciones; que no sólo es una exigencia de la mayor necesidad[14] con un propósito teórico, cuando sólo se trata de la especulación, sino que es también de la mayor importancia práctica el extraer sus[15] conceptos y leyes a partir de la razón pura, el exponerlos en su pureza y sin mezcla, e incluso el determinar la extensión de todo este conocimiento práctico o[16] puro, es decir, el determinar toda la facultad de la razón práctica pura, pero no | para hacer los principios dependientes de la naturaleza particular de la razón humana –tal como sí permite la filosofía especulativa e incluso a veces lo encuentra necesario–, sino para deducirlos ya del concepto universal de un ser racional como tal –porque las leyes morales han de valer para todo ser racional como tal– y, de esta manera, para que toda moral que requiere de la *antropología* para *aplicarse* en los seres humanos sea primeramente expuesta completamente con independencia de esta, como filosofía pura, es decir, como metafísica (algo perfectamente factible en esta especie de conocimientos completamente separados), bien consciente de que, a falta de esta, no sólo es vano determinar con precisión para el enjuiciamiento especulativo lo moral del deber en todo lo que sea conforme a este, sino que es además imposible en el uso meramente común y práctico, eminentemente en la instrucción moral, fundar las costumbres en sus auténticos principios, efectuando así actitudes morales puras

412

₁₄ En el original, «*Notwendigkeit*».

₁₅ En el original, «*ihre*», por lo que el antecedente es incierto, si bien es plausible que sea «acciones».

₁₆ Leyendo «*oder*» (A2) en lugar de «*und*» (Vorländer), es decir, «y», o en lugar de «*aber*» (Arnoldt), es decir, «pero».

e injertándolas en los ánimos para lo absolutamente mejor en el mundo[17].

Sin embargo, con el objeto de que en esta elaboración progresemos siguiendo los pasos naturales, no sólo desde el enjuiciamiento moral común (que nos merece todo el respeto) hasta el filosófico, que además ya ha tenido lugar[18], sino desde una filosofía popular –que no llega más que adonde le lleva un andar a tiendas por medio de ejemplos– hasta la metafísica (que ya no admite ser detenida por nada empírico y, al tener que medir todo el conjunto del conocimiento racional de esta especie, llega en todo caso a ideas, donde hasta los ejemplos[19] nos abandonan), tenemos que seguir de cerca y presentar con distinción la facultad práctica de la razón, desde sus reglas universales de determinación hasta allí donde surge, a partir de esta facultad, el concepto del deber.

Toda cosa de la naturaleza actúa de acuerdo con leyes. Sólo un ser racional tiene una facultad de obrar *de acuerdo con la representación* de leyes, es decir, de acuerdo con principios, es decir, una *voluntad*. Dado que se requiere *razón* para derivar acciones a partir de leyes, la voluntad no es más que la razón práctica. Si la razón determina de modo indefectible la voluntad, entonces las acciones de este ser reconocidas como objetivamente necesarias son también subjetivamente necesarias, es decir, la voluntad es una facultad de elegir *sólo aquello* que la razón reconoce, con independencia de la inclinación, como necesario en un sentido práctico, es decir, como bueno. Pero si la razón por sí sola no determina suficientemente a la voluntad, si esta se encuentra sometida además a condiciones subjetivas (a ciertos motores) que no siempre concuerdan con las condiciones objetivas,

---

[17] En el original: «*höchsten Weltbesten*».
[18] Kant se refiere a la primera sección de la obra.
[19] Leyendo «*Beispiele*» (A2) en lugar de «*Beispiele, die jenen adäquat waren*» (A1), y en este último caso habría que traducir «los ejemplos adecuados a esta [la idea]».

413 | en resumen, si la voluntad *en sí misma* no es completamente conforme a la razón (como es el caso efectivamente en los seres humanos), entonces las acciones que se reconocen como objetivamente necesarias son contingentes en un sentido subjetivo, y la determinación de esta voluntad en conformidad con leyes objetivas es *constricción;* es decir, la relación de la ley objetiva con una voluntad que no es absolutamente buena es representada, ciertamente, como la determinación de la voluntad de un ser racional por fundamentos de la razón, pero ante los cuales esta voluntad por naturaleza no es necesariamente obediente.

La representación de un principio objetivo en tanto que es constrictivo para una voluntad se denomina mandato (de la razón), y la fórmula del mandato se denomina imperativo.

Todos los imperativos se expresan a través de un *deber-ser* e indican así la relación de una ley objetiva de la razón con una voluntad que, por su constitución subjetiva, no se determina necesariamente por la razón (una constricción). Estos dicen que sería bueno hacer u omitir algo, tan sólo que se lo dicen a una voluntad que no siempre hace algo porque se le represente que es bueno hacerlo. *Bueno* en un sentido práctico, sin embargo, es aquello que determina a la voluntad por mediación de representaciones de la razón; por lo tanto, no por causas subjetivas, sino de modo objetivo, es decir, por fundamentos que son válidos para todo ser racional como tal. Se diferencia de lo *agradable* en que este tiene influjo sobre la voluntad sólo por mediación de la sensación, a partir de causas meramente subjetivas, que sólo son válidas para el sentido que es propio de tal o cual ser humano, pero no como

414 un principio de la razón, que es válido para cada cual*. |

---

* La dependencia de la facultad de desear con respecto a las sensaciones se denomina inclinación, y por ello esta siempre es prueba de una *necesidad*[20]. Ahora bien, la dependencia con respecto a principios de la

---

[20] En el original, «*Bedürfnis*».

Por consiguiente, una voluntad perfectamente buena igualmente se encontraría sometida a leyes objetivas (del bien), pero no por ello podría ser representada como *constreñida* a acciones conformes a la ley, porque ella, por sí misma, de acuerdo con su constitución subjetiva, sólo puede ser determinada por la representación del bien. Por eso, los imperativos no tienen validez para la voluntad *divina* ni, en general, para una voluntad *santa;* en tal caso, el *deber-ser* está fuera de lugar, porque el *querer* es ya por sí mismo necesariamente concordante con la ley. De ahí que los imperativos sean sólo fórmulas para expresar la relación de leyes objetivas del querer como tal con respecto a la imperfección subjetiva de la voluntad de tal o cual ser racional, como por ejemplo la voluntad humana.

Ahora bien, todos los *imperativos* mandan o bien de modo *hipotético,* o bien de modo *categórico.* Los primeros representan la necesidad práctica de una acción posible como medio para lograr algo otro que se quiere (o al menos que es posible querer). El imperativo categórico sería aquel que representara una acción como objetivamente necesaria por sí misma, sin referencia a ningún otro fin.

Dado que toda ley práctica representa una acción posible como buena y, por eso, como necesaria para un sujeto

---

razón por parte de una voluntad contingentemente determinable se denomina un *interés.* Por lo tanto, este sólo tiene lugar en una voluntad dependiente, que no siempre es conforme por sí misma a la razón; en la voluntad divina es impensable un interés. Pero también la voluntad humana puede *tomar un interés* en algo sin que por ello *obre por interés.* Lo primero significa el interés *práctico* en la acción; lo segundo, el interés *patológico* en el objeto de la acción. Lo primero indica sólo dependencia de la voluntad con respecto a principios de la razón en sí misma; lo segundo, con respecto a principios de la razón a efectos de la inclinación, y entonces la razón sólo da la regla práctica sobre cómo pueda ser satisfecha la necesidad de la inclinación. En el primer caso me interesa la acción; en el segundo, el objeto de la acción (en tanto que me es | agradable). 414 Hemos comprobado en la primera sección que en una acción por deber no debe atenderse al interés en el objeto, sino meramente a la acción misma y su principio en la razón (la ley) *[N. de Kant].*

susceptible de ser determinado de modo práctico por la razón, todos los imperativos son fórmulas de la determinación de la acción que es necesaria de acuerdo con el principio de una voluntad que es buena de alguna manera[21]. Pues bien, si la acción fuese buena meramente como medio *para algo otro*, entonces el imperativo es *hipotético*; pero si ella es representada como buena *en sí misma*, por tanto, como necesaria en una voluntad que en sí misma es conforme a la razón, como principio de esta voluntad, entonces el imperativo es *categórico*.

Por consiguiente, el imperativo dice qué acción posible por mí sería buena, y representa la regla práctica en relación con una voluntad que no lleva a cabo sin más una acción porque esta sea buena, en parte porque el sujeto no siempre sabe que es buena, en parte porque, aunque lo supiese, sus[22] máximas podrían ser contrarias a los principios objetivos de una razón práctica.

Por lo tanto, el imperativo hipotético sólo dice que la acción es buena para algún propósito *posible* o *efectivamente real*. En el primer | caso es un principio práctico de modo problemático; en el segundo, de modo asertórico. El imperativo categórico, que declara que la acción es en sí misma objetivamente *necesaria*, sin referencia a ningún propósito, es decir, incluso sin que haya un fin diferente, vale como un principio práctico de modo apodíctico.

Aquello que sólo es posible por mediación de las fuerzas de algún ser racional también puede ser pensado como un propósito posible para alguna voluntad, y de ahí que los principios de la acción, en tanto que esta es representada como necesaria para lograr algún propósito posible que puede ser efectuado a través de ella, sean de hecho infinitos. Todas las ciencias tienen alguna parte práctica, que consta de proble-

---

[21] Leyendo «*Art*» (A2) en lugar de «*Absicht*» (A1), y en este último caso deberíamos traducir «buena para algún propósito».
[22] Entiéndase: «las máximas del sujeto».

mas, por los que se nos posibilita un fin, así como de imperativos sobre cómo este pueda lograrse. De ahí que estos, como tales, puedan denominarse imperativos de la *habilidad*. Aquí no se trata en absoluto de si el fin es racional y bueno, sino tan sólo de lo que tiene que hacerse para lograrlo. A este respecto, el mismo valor tienen las prescripciones del médico para curar completamente a su paciente que las del envenenador para matarlo con seguridad, en tanto que cada una de ellas sirve para efectuar de modo perfecto su respectivo propósito. Dado que en la más temprana juventud se desconoce qué fines nos pueda deparar la vida, los padres principalmente hacen que sus hijos aprendan *de todo* y velan por la *habilidad* en el uso de los medios para todo tipo de fines *discrecionales,* sin que puedan determinar si alguno de ellos podrá[23] efectivamente convertirse en el futuro en un propósito de su discípulo, aunque sí es *posible* que pueda tener algún día uno de estos; y este escrúpulo es tan grande que comúnmente se olvidan de formar y de corregir su juicio[24] acerca del valor de las cosas que tal vez puedan convertir en sus fines.

No obstante, hay *un* fin que puede presuponerse como efectivamente real en todos los seres racionales (en tanto que los imperativos les corresponden, a saber, como seres dependientes) y, por lo tanto, un propósito que no es que ellos *puedan* tener, sino del que puede presuponerse con seguridad que todos en su conjunto lo *tienen* de acuerdo con una necesidad natural, y tal es el propósito de la *felicidad.* El imperativo hipotético que representa la necesidad práctica de la acción como medio para la promoción de la felicidad es *asertórico.* Este no puede exponerse meramente como necesario para un propósito incierto, meramente posible,

---

[23] Leyendo «*etwa*» (Menzer, Adickes y Medicus) en lugar de «*nicht etwa*» (A2), y en este último caso deberíamos traducir «no podrá».

[24] Entiéndase: «el juicio de sus hijos».

sino que puede presuponerse con seguridad y *a priori*[25] en
416 todo ser humano, | por pertenecer a su esencia. Ahora bien,
a la habilidad en la elección de los medios para el máximo
bienestar propio puede llamársele *prudencia** en su sentido
más estricto. Por lo tanto, el imperativo que se refiere a la
elección de los medios para la propia felicidad, es decir, a
la prescripción de la prudencia, sigue siendo *hipotético;* la acción no es mandada sin más, sino sólo como medio para un
propósito diferente.

Por último, hay un imperativo que, sin poner por fundamento, como su condición, ningún otro propósito que hubiese de conseguirse con una cierta conducta, manda inmediatamente esta conducta. Este imperativo es categórico. No
concierne a la materia de la acción ni a lo que haya de resultar de esta, sino a la forma y el principio del que ella misma
se sigue, y lo esencialmente bueno de ella consiste en la actitud, cualquiera que sea el resultado. Este imperativo se
llamará el imperativo de la moralidad.

El querer de acuerdo con estos tres tipos de principios
también se diferencia distintamente por la *desigual* constricción de la voluntad. Pues bien, para hacer que esto también
sea evidente, creo que se los denominaría en su orden de la
manera más adecuada si se dijese que son o bien *reglas* de
la habilidad, o bien *consejos* de la prudencia; o bien *mandatos*
(leyes) de la moralidad. Pues sólo la *ley* conlleva el concepto
de una *necesidad incondicionada*, objetiva en efecto, y, por lo

---

* La palabra «prudencia» es tomada en dos sentidos; en el primer
caso puede tener el nombre de «prudencia mundana»; en el segundo, el
de «prudencia privada». La primera es la habilidad de un ser humano
de tener influjo en otros para usarlos en virtud de sus propósitos; la segunda, la inteligencia para reunir todos estos propósitos con vistas a un
provecho propio duradero. En realidad, es a esta a la que el valor de la
primera se reduce, y de quien es prudente de la primera forma pero no
de la segunda sería mejor decir que es listo y astuto, pero imprudente en
su conjunto [N. de Kant].

---

25 «y *a priori*» es un añadido de A2.

tanto, universalmente válida; y los mandatos son leyes a las que se tiene que obedecer, es decir, a las que se les tiene que dar cumplimiento incluso contra la inclinación. Es cierto que el *asesoramiento* contiene necesidad, pero esta sólo puede tener validez bajo una condición subjetiva contingente, a saber, que tal o cual ser humano cuentan con esto o aquello para su felicidad; por el contrario, el imperativo categórico no se ve restringido por ninguna condición y, en tanto que absolutamente necesario, aunque en un sentido práctico, puede denominarse con toda propiedad un mandato. A los primeros imperativos se les podría | llamar también *técnicos* 417 (pertenecientes al arte); a los segundos, *pragmáticos** (pertenecientes a la prosperidad); a los terceros, *morales* (pertenecientes a la conducta libre como tal, es decir, a las costumbres).

Surge ahora la cuestión de cómo son posibles todos estos imperativos. Esta cuestión no exige saber cómo pueda pensarse la ejecución de la acción mandada por el imperativo, sino tan sólo cómo pueda pensarse la constricción de la voluntad expresada por el imperativo en el problema. Probablemente no hay necesidad de discutir cómo sea posible un imperativo de la habilidad. Si uno quiere el fin, también quiere (en tanto que la razón tiene influjo decisivo en sus acciones) el medio necesario e indispensable que tenga en su poder. En lo que concierne al querer, esta proposición es analítica, pues en el querer un objeto como efectuado por mí se piensa ya mi causalidad como causa agente, es decir, el uso de los medios, y al imperativo le basta con el concepto mismo del querer un fin para extraer el concepto de las acciones que

---

* Me parece que el significado apropiado de la palabra «pragmático» puede determinarse así de la manera más precisa. Pues se llaman pragmáticas las sanciones que en realidad no emanan del derecho de los Estados, como leyes necesarias, sino de la *previsión* de la prosperidad general. Una *historia* es compuesta de una manera pragmática cuando nos hace *prudentes*, es decir, cuando enseña al mundo el modo de procurar su provecho mejor, o al menos tan bien como en tiempos pasados [*N. de Kant*].

son necesarias para este (ciertamente para determinar los medios mismos para un propósito propuesto se necesitan proposiciones sintéticas, pero estas conciernen al fundamento para hacer que sea efectivamente real, no el *actus*[26] de la voluntad, sino el objeto). Que para dividir una línea en dos partes iguales de acuerdo con un principio fiable tengo que hacer dos arcos secantes desde los extremos de ella, es algo que sin duda la matemática sólo enseña por medio de proposiciones sintéticas; pero es una proposición analítica que –cuando yo sé que sólo por esta acción puede ocurrir el efecto pensado–, si quiero el efecto completamente, también quiero la acción que se precisa para ello; pues es exactamente lo mismo representarme algo como un efecto que es posible de cierta forma por mí, y representarme a mí mismo como agente que obra de la misma forma en relación con este efecto.

Si fuese tan sencillo dar un concepto determinado de la felicidad, los imperativos de la prudencia estarían por completo en concordancia con los de la habilidad y serían igualmente analíticos. Pues tanto en un lado como en otro se diría que quien quiere el fin, también quiere (necesariamente, conforme a la razón) los únicos medios para ello | que tiene en su poder. Pero por desgracia el concepto de la felicidad es tan indeterminado que, aunque todo ser humano anhela alcanzarla, nunca podrá decir de modo determinado y de acuerdo consigo mismo qué sea lo que propiamente anhela y quiere. La causa de esto es que todos los elementos pertenecientes al concepto de la felicidad son en su totalidad empíricos, es decir, tienen que tomarse de la experiencia, y que, sin embargo, para la idea de la felicidad se requiere un todo absoluto, un máximo de bienestar en mi estado presente y todo estado futuro. Ahora bien, es imposible que el ser más inteligente y con más y mejores facultades, pero finito al fin y al cabo, se forme un concepto determinado de lo que realmente quiere en este caso. Si quiere

418

---

[26] En latín en el original: «acto».

riquezas, ¿cuánta preocupación, envidia y asechanza no podría estar echando sobre sus hombros? Si quiere mucho conocimiento e inteligencia, quizá esto sólo podría dar lugar a una mirada tanto más aguda que le muestre de un modo tanto más terrible los males que aún se le ocultan y que sin embargo son inevitables, o cargar con más necesidades aún a los deseos, que bastante trabajo le dan ya. Si quiere una larga vida, ¿quién le asegura que no sería una larga miseria? Si quiere al menos salud, ¡con qué frecuencia las incomodidades del cuerpo le han mantenido alejado de excesos en los que habría incurrido por una salud ilimitada!, etc. En resumen: él carece de la facultad de determinar con toda certeza, de acuerdo con un principio, qué es lo que le hará feliz de verdad, porque para esto se precisaría omnisciencia. Por consiguiente, para ser feliz, no puede obrarse de acuerdo con principios determinados, sino sólo de acuerdo con consejos empíricos, como por ejemplo de la dieta, del ahorro, de la cortesía, del recato, etc., de los que la experiencia enseña que son los que por término medio mejor promocionan el bienestar. De esto se sigue: que los imperativos de la prudencia, para ser exactos, en absoluto mandan, es decir, no pueden presentar acciones de modo objetivo como *necesarias* en un sentido práctico; que han de ser tenidos más por consejos (*consilia*)[27] que por mandatos (*praecepta*)[28] de la razón; que es irresoluble el problema de determinar de modo fiable y universal qué acción promoverá la felicidad de un ser racional, por lo que es imposible un imperativo con respecto a esta[29] que en sentido estricto mande llevar a cabo aquello que nos hace feliz, porque la felicidad no es un ideal de la razón, sino de la imaginación, el cual descansa meramente en fundamentos empíricos, de los que | es vano esperar que 419 hayan de determinar una acción por la que se alcanzaría la

---

[27] En latín en el original: «consejos».
[28] En latín en el original: «prescripciones» o «preceptos».
[29] Puede entenderse tanto «esta acción» como «la felicidad».

totalidad de una serie de consecuencias que de hecho es infinita. Sin embargo, si se asume que los medios para la felicidad admiten ser precisados de modo fiable, este imperativo de la prudencia sería una proposición práctica analítica; pues sólo se diferencia del imperativo de la habilidad en que mientras que en este el fin es meramente posible, en el de la prudencia se encuentra dado: pero puesto que ambos sólo mandan los medios para aquello de lo que se presupone que es querido como fin, entonces el imperativo que manda querer los medios a quien quiere el fin es en ambos casos analítico. Por lo tanto, tampoco hay ninguna dificultad en lo que respecta a la posibilidad de un imperativo tal.

Por el contrario, cómo sea posible el imperativo de la *moralidad* es sin duda la única cuestión que exige una solución, dado que este no es en absoluto hipotético y, por lo tanto, la necesidad que se representa como objetiva no puede apoyarse en ninguna presuposición, tal como ocurría en el caso de los imperativos hipotéticos. Ahora bien, en esto nunca debe olvidarse que no cabe establecer *por medio de ejemplo alguno,* es decir, empíricamente, si en alguna parte hay un imperativo tal, y más bien debe temerse que todos los imperativos que parecen categóricos bien puedan ser hipotéticos de modo encubierto. Por ejemplo, cuando se dice: «nunca debes prometer nada con engaños», y se asume que la necesidad de esta omisión no es un mero asesoramiento para evitar algún otro mal –de tal modo que significaría poco más o menos que «no deberías prometer en falso, para que, si se descubre, tu crédito no sea puesto en entredicho»–, sino más bien que una acción de esta especie tiene que reputarse como moralmente mala por sí misma y que el imperativo de la prohibición es por lo tanto categórico, entonces, aun así, no es posible exponer con certeza en un ejemplo que la voluntad se determina aquí meramente por la ley, sin ningún otro motor, aunque así lo parezca; pues siempre es posible que la voluntad haya sido secretamente influida por el temor a la vergüenza, quizá también por una oscura preocupación por otros peligros. ¿Quién puede probar la no existencia de una causa a través de la experiencia, dado que esta sólo enseña que no la percibimos? Pero en tal caso, el llamado imperativo moral, que como tal aparece como categórico e incondicionado, sería de hecho sólo una prescripción pragmática que nos hace atender a nuestro provecho y sólo nos enseña a tomarlo en consideración.

Por consiguiente, tendremos que investigar de un modo completamente *a priori* la posibilidad de un imperativo *categórico*, pues aquí no | disfrutamos de la ventaja de que su 420 realidad efectiva se encuentre dada en la experiencia, de tal modo que sólo se necesitaría la posibilidad para la aclaración de este, pero no para su establecimiento. Sin embargo, debe comprenderse provisionalmente que sólo el imperativo categórico reza como una ley práctica, mientras que los otros en su conjunto bien pueden denominarse *principios* de la voluntad, pero no leyes; porque lo que sea necesario hacer para lograr un propósito discrecional puede considerarse en sí mismo como contingente y siempre podemos desembarazarnos de la prescripción si suspendemos el propósito, mientras que el mandato incondicionado no concede libre discreción con respecto a lo contrario, por lo que sólo conlleva la necesidad que esperamos de una ley.

En segundo lugar, en el caso de este imperativo categórico o de esta ley de la moralidad también es muy grande el fundamento de la dificultad (de inteligir su posibilidad). El imperativo es una proposición sintético-práctica* *a priori*, y dado que en el conocimiento teórico hay tanta dificultad

---

* Sin presuponer ninguna condición procedente de una inclinación, conecto *a priori* el acto con la voluntad, y por tanto necesariamente (aunque sólo en un sentido objetivo, es decir, bajo la idea de una razón que tuviera completa autoridad sobre todos los móviles subjetivos). Esta es por lo tanto una proposición práctica que no deriva analíticamente el querer una acción a partir de otro querer ya presupuesto (pues no tenemos una voluntad tan perfecta), sino que lo conecta inmediatamente con el concepto de la voluntad de un ser racional, como algo que no está contenido en él [N. de Kant].

para inteligir la posibilidad de proposiciones de esta especie, es fácil inferir que en el conocimiento práctico no será menos complicado.

En relación con este problema, trataremos en primer lugar de comprobar si el mero concepto de un imperativo categórico no aportará acaso también su fórmula, la cual contenga la única proposición que podría ser un imperativo categórico; pues para saber cómo sea posible tal mandato absoluto, aun cuando sepamos cómo reza, se exigirá además un esfuerzo particular y fatigoso, que sin embargo pondremos en suspenso hasta la última sección.

Si pienso en un imperativo *hipotético* como tal, no sé de antemano qué contendrá hasta que no se me dé la condición. Pero si pienso en un imperativo *categórico*, enseguida sé qué contiene. Pues, como el imperativo, aparte de la ley, 421 contiene sólo la necesidad de la máxima* | de ser conforme a esta ley, pero la ley no contiene ninguna condición a la que se restringiese, no queda más que la universalidad de una ley como tal, a la[30] que debe conformarse la máxima de la acción, y es esta conformidad lo único que propiamente se representa como necesario por el[31] imperativo.

---

* Una *máxima* es el principio subjetivo para obrar, y debe diferen-
421 ciarse del *principio objetivo*, a saber, la ley práctica. La primera | contiene la regla práctica que es determinada por la razón en conformidad con las condiciones del sujeto (muy a menudo, la ignorancia o incluso las inclinaciones de este), y es por lo tanto el principio según el cual el sujeto *obra*; sin embargo, la ley es el principio objetivo, válido para todo ser racional, y el principio según el cual *debe obrar*, es decir, un imperativo [N. de Kant].

---

[30] Leyendo «*welcher*» (Kraft/Schönecker) en lugar de «*welchem*» (A2), por lo que entendemos que Kant se refiere a la «universalidad», no a la «ley».
[31] Leyendo «*der*» (Menzer, Arnoldt) en lugar de «*den*» (A2), pues en este último caso habría que leer la declaración, menos plausible, «y esta conformidad es propiamente lo único que representa al imperativo como necesario».

Por consiguiente, el imperativo categórico es único, a saber, este: *obra sólo de acuerdo con aquella máxima a través de la cual*[32] *puedas querer a la vez que se convierta en una ley universal.*

Pues bien, si todos los imperativos del deber pueden derivarse de este único imperativo, como de su principio, y aunque dejemos sin decidir si lo que llamamos deber no es como tal un concepto vacío, aun así podremos indicar al menos qué pensamos a través de él y qué quiere decir este concepto.

Como la universalidad de la ley de acuerdo con la cual ocurren los efectos constituye aquello que significa propiamente «naturaleza» en su sentido más general (de acuerdo con la forma), es decir, la existencia de las cosas en tanto que determinada de acuerdo con leyes universales, así pues el imperativo universal del deber también podría rezar así: *obra como si la máxima de tu acción hubiese de convertirse a través de tu voluntad en una* ley universal de la naturaleza.

Ahora quisiéramos enumerar algunos deberes, según la división habitual de estos en deberes hacia nosotros mismos y hacia otros seres humanos, en deberes perfectos e imperfectos*.

1) Alguien que se siente cansado de vivir por una serie de males que han aumentado hasta la desesperación está | 422

---

* Aquí debe notarse especialmente que la división de los deberes me la reservo por entero para una futura *Metafísica de las costumbres,* por lo que está aquí sólo de modo discrecional (para darle orden a mis ejemplos). Por lo demás, por «deber perfecto» entiendo aquí aquel que no admite ninguna excepción en beneficio de la inclinación, y por lo tanto no sólo tengo *deberes perfectos* externos, sino también internos, lo cual se enfrenta al uso de la palabra adoptado por las escuelas[33]; sin embargo, no tengo la intención de dar una respuesta aquí, porque para mi propósito es lo mismo si se me concede esto como si no [*N. de Kant*].

---

[32] Leyendo «*durch die*» (Adickes) en lugar de «*von der*» (A2), por lo que según esta corrección del texto de Kant habría que leer «a través de la cual» en lugar de «de la cual».

[33] Kant se estaría refiriendo a la corriente del iusnaturalismo, de autores como Grocio, Pufendorf, Thomasius y Sulzer.

hasta tal punto en posesión de su razón que puede preguntarse si quitarse la vida no sería acaso contrario a un deber
hacia sí mismo. Prueba entonces si la máxima de su acción
puede acaso convertirse en una ley universal de la naturaleza. Pero su máxima es «Por amor propio, hago que sea un
principio para mí acortar mi vida cuando, a la larga, ame-
naza con más mal que el agrado que promete». Sólo queda
preguntar si este principio del amor propio puede convertirse en una ley universal de la naturaleza. Pero entonces
pronto se ve que una naturaleza cuya ley fuese destruir la
vida misma a través de aquella misma sensación cuya vocación[34] es impulsar la promoción de esta misma vida, se contradiría a sí misma y, por lo tanto, no podría subsistir como
naturaleza, por lo que sería imposible que esta máxima tu-
viese lugar como una ley universal de la naturaleza y, por
consiguiente, entra en conflicto frontalmente con el principio supremo de todo deber.

2) Otro se ve apremiado por la necesidad a pedir dinero
prestado. Sabe perfectamente que no podrá saldar la deuda, pero también sabe que nadie le prestará nada si no promete firmemente que saldará su deuda en un tiempo determinado. Se siente inclinado a hacer una promesa de esta
índole, pero aún le queda la suficiente conciencia moral para
preguntarse: «¿No es ilícito y contrario al deber ayudarse a
uno mismo de esta manera por necesidad?». Supóngase
que al final se decidiera a hacerlo; entonces su máxima de la
acción rezaría así: «Cuando crea tener necesidad de dinero,
pediré dinero prestado y prometeré saldar la deuda, aunque sepa que esto nunca ocurrirá». Pues bien, este principio
del amor propio, o de la propia conveniencia, puede que sea
perfectamente compatible con todo mi bienestar futuro, pero
la pregunta ahora es si esto es justo. Por lo tanto, transformo
la imposición del amor propio en una ley universal y dis-
pongo la pregunta del modo siguiente: «¿Cómo serían las

---

[34] En el original, «*deren Bestimmung*».

cosas si mi máxima se convirtiese en una ley universal?».
Entonces veo inmediatamente que ella jamás puede valer
como una ley universal de la naturaleza ni estar de acuerdo
consigo misma, sino que necesariamente tiene que contra-
decirse a sí misma. Pues la universalidad de ley por la que
todo el mundo, cuando creyese estar en una necesidad, podría prometer lo que se le viniera en gana con la intención de
no cumplirlo, haría que la promesa y el fin que uno pueda
tener con ella fuesen algo imposible en sí mismo, una vez
que nadie creería que se le está prometiendo nada, sino que
más bien se reiría de tal declaración como de una fatua si-
mulación.

3) Un tercero encuentra en sí mismo un talento que, | si
es cultivado en alguna medida, podría hacer de él alguien
útil para todo tipo de propósitos. Sin embargo, se halla en
circunstancias acomodadas y prefiere entregarse al disfrute
antes que esforzarse en ampliar y mejorar sus afortunadas
disposiciones naturales. Pero aun así se pregunta si, aparte
de la concordancia con su propensión al regocijo que tiene
en sí su máxima de abandonar sus dones naturales, esta también concuerda con lo que se llama deber. Pues bien, entonces él ve que una naturaleza de acuerdo con esta ley universal podría ciertamente subsistir a pesar de ello, aun cuando
el ser humano dejara enmohecer su talento (tal como los ha-
bitantes del Mar del Sur) y pensara emplear la vida en la
ociosidad, el regocijo, la reproducción y, en una palabra, el
goce; pero es imposible que él quiera que esto se convierta
en una ley universal de la naturaleza o que ello esté puesto
como tal en nosotros por instinto natural. Pues, como ser racional, él necesariamente quiere que todas las facultades en
él se desarrollen, porque en efecto le han sido dadas y le sirven para todo tipo de propósitos posibles.

4)[35] Piénsese además en un *cuarto*, a quien le va bien mientras ve que otros (a quienes bien podría ayudar) tienen que

423

---

[35] Añadido de Kraft/Schönecker.

luchar con grandes dificultades. «¿Qué me importa a mí? Que cada uno sea tan feliz como el cielo quiera o pueda apañarse por sí mismo, que yo nada le quitaré ni tampoco se lo envidiaré, ¡pero no me apetece contribuir a su bienestar ni asistirle cuando lo necesita!». Ahora bien, si tal modo de pensar se convirtiese en una ley universal de la naturaleza, el género humano bien podría subsistir, y sin duda aún mejor que cuando todo el mundo parlotea sobre implicación y benevolencia, y hasta se afana ocasionalmente en el ejercicio de estas, pero por el contrario también engaña tan pronto como puede, pone a la venta el derecho del ser humano o encuentra alguna otra ocasión para quebrantarlo. Pero, aunque es posible que subsista una ley universal de la naturaleza de acuerdo con aquella máxima, sí es imposible querer que tal principio tenga validez por doquier en tanto que una ley de la naturaleza. Pues una voluntad que decidiera esto se contradiría a sí misma, pues en efecto podrían acontecer muchos casos en que él[36] tuviera necesidad del amor y de la implicación de los otros y donde, mediante una ley de la naturaleza así, nacida de su propia voluntad, se arrebataría a sí mismo toda esperanza de la asistencia que anhela.

Pues bien, estos son algunos de los muchos deberes efectivamente reales, o al menos que nosotros tenemos por tales, 424 cuya división[37] | salta a la vista a partir del principio único

---

[36] Entiéndase: «ese a quien le va bien».

[37] Leyendo «*Abteilung*» (A1, A2, Timmermann), en lugar de «*Ableitung*» (derivación), corrección sugerida por Hartenstein y que ha sido seguida por García Morente, Mardomingo, Rodríguez Aramayo, Kraft/ Schönecker, Gregor y Delbos, entre otros. De tratarse de una errata, debe tenerse en cuenta que Kant no la habría corregido en A2, lo cual es extraño habida cuenta de la multitud de correcciones de erratas que llevó a cabo en la segunda edición. Es más, al comienzo de este pasaje Kant habla de la «división habitual de los deberes» (421), y al final del presente párrafo describe su exposición como una ordenación o disposición de los deberes a partir de su relación con el principio único del deber (424), todo lo cual parece perfectamente compatible con su declaración actual sobre la división de los deberes.

que hemos aducido. Uno tiene que *poder querer* que una máxima de nuestra acción se convierta en una ley universal: este es como tal el canon del enjuiciamiento moral de tal acción. Algunas acciones están constituidas de tal modo que su máxima ni siquiera puede ser *pensada* sin contradicción como ley universal de la naturaleza; y menos aún puede *quererse* que *deba* convertirse en ella. Ciertamente, en otras no cabe hallar esta imposibilidad interna, pero sí es imposible *querer* que su máxima sea elevada a la universalidad de una ley de la naturaleza, porque una voluntad tal se contradiría a sí misma. Se ve fácilmente que la primera[38] contradiría el deber estricto[39] (impostergable); la segunda, sólo el deber más amplio (meritorio); y de este modo, a través de estos ejemplos, todos los deberes, en lo concerniente a la especie de la obligación (no al objeto de su acción), han sido dispuestos completamente por su dependencia del principio único.

Si ahora prestamos atención a nosotros mismos cuando transgredimos un deber, nos encontramos con que efectivamente no queremos que nuestra máxima deba convertirse en una ley universal, porque esto es imposible para nosotros; sino que más bien queremos que lo contrario de ella deba quedar universalmente como una ley; sólo nos tomamos la libertad de hacer una *excepción* de ella para nosotros o (sólo por esta vez) en provecho de nuestra inclinación. Por consiguiente, si lo considerásemos todo desde uno y el mismo punto de vista, a saber, el de la razón, encontraríamos una contradicción en nuestra propia voluntad, a saber: que un cierto principio es necesario en un sentido objetivo,

---

[38] Puede querer decir tanto la «primera máxima» como la «primera acción».

[39] En el original: «*strengen oder engeren*». Ambos adjetivos se traducirían en español por «estricto», por lo que evitamos la redundancia. Traducir «*engeren*» por «más estrecho» no se ajusta al uso normal en español. En todo caso, podría traducirse por «más limitado», pero esta versión parecería relacionar el deber con una condición restrictiva que por principio le es ajena.

como ley universal, y que sin embargo no debería valer universalmente en un sentido subjetivo, sino admitir excepciones. Pero dado que la primera vez consideramos nuestra acción desde el punto de vista de una voluntad enteramente conforme a la razón, pero luego también esa misma acción desde el punto de vista de una voluntad afectada por la inclinación, en realidad no hay aquí ninguna contradicción, pero sí una resistencia de la inclinación ante la prescripción de la razón *(antagonismus)*[40], una resistencia por la que la universalidad del principio *(universalitas)*[41] se transforma en una mera validez general *(generalitas)*[42], por lo que el principio práctico de la razón ha de quedarse a medio camino al reunirse con la máxima. Ahora bien, aunque esto no puede ser justificado en nuestro propio juicio planteado imparcialmente, aun así, prueba que nosotros reconocemos efectivamente la validez del imperativo categórico y sólo nos permitimos (con todo el respeto hacia él) algunas excepciones que nos parecen ser de poca importancia y a las que
425   creemos estar forzados. |

Por lo tanto, hasta aquí hemos expuesto al menos que si el deber es un concepto que ha de contener significado y una legislación efectivamente real para nuestras acciones, sólo puede[43] expresarse en imperativos categóricos, pero de ningún modo en imperativos hipotéticos; igualmente, hemos presentado distintamente y de manera determinada para todo uso el contenido del imperativo categórico –lo cual no es poco–, que debería contener el principio de todo deber (si hubiese acaso algo así). Sin embargo, aún no hemos llegado tan lejos como para probar *a priori* que un imperativo tal tiene lugar efectivamente, que hay una ley práctica que manda por sí misma, de modo absoluto y sin ningún motor, ni que el cumplimiento de esta ley sea un deber.

---

[40]   En latín en el original: «antagonismo».
[41]   En latín en el original: «universalidad».
[42]   En latín en el original: «generalidad».
[43]   Entiéndase: «el deber sólo puede».

Con el propósito de lograrlo, es de extrema importancia que sirva de advertencia lo siguiente: que a nadie puede ocurrírsele pretender derivar la realidad de este principio a partir de una *propiedad particular de la naturaleza humana*. Pues el deber ha de ser una necesidad práctico-incondicionada de la acción; por lo tanto, tiene que valer para todos los seres racionales (sólo a los cuales puede aplicarse un imperativo) y, *sólo por esto*, tiene que ser también una ley para toda voluntad humana. Aquello que, por el contrario, se deriva de una particular disposición natural de la humanidad –de ciertos sentimientos y de la propensión, e incluso posiblemente de una orientación particular propia de la razón humana, que no tendría que valer necesariamente para la voluntad de todo ser racional–, puede proporcionar en efecto una máxima para nosotros, pero no una ley; puede proporcionar un principio subjetivo, de acuerdo con el cual tenemos propensión e inclinación a permitirnos obrar, pero no uno objetivo, de acuerdo con el cual *tendríamos orden* de actuar aun en contra de toda nuestra propensión, inclinación y arreglo natural; de modo incluso que la sublimidad y la dignidad intrínseca del mandato en un deber se prueban tanto más cuanto menos a favor y más en contra estén las causas subjetivas, sin que por ello se vea debilitada en lo más mínimo la constricción por la ley ni a esta se la prive en nada de su validez.

En relación con esto vemos que la filosofía se encuentra de hecho en una posición precaria, una posición que debe ser firme a pesar de que esta no puede pender de nada en el cielo ni apoyarse en nada en la tierra. En relación con esto, la filosofía debe probar su limpidez, como soberana de sus leyes, no como heraldo de aquellas que un sentido implantado o vaya a saber qué naturaleza tutora le sugieren, que en su conjunto –aunque siempre sean mejor | que nada– jamás 426 podrán aportar principios dictados por la razón, los cuales tienen que tener su fuente y, con ello, a la vez, su autoridad de mando, de un modo absolutamente *a priori*: no hay que esperar nada de la inclinación del ser humano, sino todo de la autoridad de la ley y del debido respeto por esta; o, en caso contrario, condenar a los seres humanos a despreciarse a sí mismos y al aborrecimiento interior.

Por lo tanto, todo lo que es empírico, además de que no sirve de ningún modo como ingrediente del principio de la moralidad, es máximamente perjudicial para la limpidez de las costumbres mismas, en las que el verdadero valor de una voluntad absolutamente buena, elevado por encima de todo precio, consiste precisamente en que el principio de la acción esté libre de todos los influjos por parte de fundamentos contingentes, que sólo pueden darse por la experiencia. Contra esta negligencia, o incluso vulgar modo de pensar, cuando se busca el principio entre móviles y leyes de origen empírico, tampoco es posible promulgar ni muchas ni muy frecuentes advertencias, pues, cuando está cansada, a la razón humana le agrada descansar en este almohadón, y al soñar con dulces espejismos (que le hacen abrazar una nube en lugar de a Juno[44]), le imputa falsamente a la moral un bastardo hecho de remiendos a partir de miembros de ascendencia muy diferente, que se parece a todo lo que se quiera ver en él, pero no se parecerá a la virtud para quien alguna vez la haya contemplado en su verdadera figura*.

---

* El contemplar la virtud en su auténtica figura no es otra cosa que presentar la moralidad desnuda de toda añadidura de lo sensible y de todo falso ornamento de la recompensa o del amor propio. Cada cual puede percatarse, por medio del más mínimo ensayo de su razón –con tal de que esta no haya quedado completamente echada a perder para toda abstracción– de cuánto oscurece la virtud a todo lo demás, que a la inclinación le aparece como excitante [N. de Kant].

---

[44] Juno, diosa romana equivalente a la diosa griega Hera. Diosa de la fertilidad, el matrimonio y la familia. Reina de los dioses. En su versión griega, Kant alude a la escena en que Ixión pretende el amor de Hera. Al conocer Zeus las intenciones del primero, da a una nube la figura de su mujer, y es con ella con quien Ixión engendra a Centauro, progenitor de los centauros, mitad humanos, mitad caballos. Finalmente fue atado a una rueda que lo atormenta eternamente.

Así que la pregunta es la siguiente: ¿es una ley necesaria *para todos los seres racionales* el juzgar siempre sus acciones de acuerdo con máximas de las que ellos mismos puedan querer que hayan de servir para leyes universales? Si es así, entonces tiene que estar enlazada ya (completamente *a priori*) con el concepto de la voluntad de un ser racional como tal. Pero para descubrir esta conexión, aunque uno se resista, tiene que darse un paso más allá, hacia la metafísica, si bien en un dominio de esta que es diferente del de la filosofía especulativa, a saber, en la metafísica de las costumbres.

l En una filosofía práctica en la que no nos concierne asu- 427
mir fundamentos de lo que *ocurre*, sino leyes de lo que *debe ocurrir* aunque nunca ocurra, es decir, leyes objetivas prácticas, no necesitamos plantear una investigación acerca de los fundamentos de por qué algo gusta o disgusta, de cómo el disfrute en la mera sensación difiere del gusto, ni tampoco de si este se diferencia de una complacencia universal de la razón, de en qué se base el sentimiento de placer y displacer, y de cómo surjan de aquí deseos e inclinaciones, y a partir de estos últimos, con la cooperación de la razón, máximas; pues todo esto forma parte de una doctrina empírica del alma, que constituiría la segunda parte de la doctrina de la naturaleza, si se la considera a esta como *filosofía de la naturaleza*, en tanto que se funda en *leyes empíricas*. Pero aquí de lo que se trata es de leyes objetivas prácticas y, por lo tanto, de la relación de una voluntad consigo misma, en tanto que ella se determina a sí misma meramente por medio de la razón, pues todo lo que tiene relación con lo empírico queda excluido por sí mismo; porque si la *razón* determina *ella sola, por sí misma*, la conducta (la posibilidad de lo cual queremos precisamente investigar ahora), entonces tiene que hacerlo necesariamente *a priori*.

La voluntad es pensada como una facultad de determinarse a sí mismo para el obrar *en conformidad con la representación de ciertas leyes*. Y una facultad de esta índole sólo puede encontrarse en seres racionales. Pues bien, aquello que le sir-

ve a la voluntad como fundamento objetivo de su autodeterminación es el *fin*, y cuando este se da por la mera razón,
tiene que valer por igual para todos los seres racionales.
Por el contrario, lo que contiene meramente el fundamento
de la posibilidad de una acción cuyo efecto es el fin, se denomina *medio*. El fundamento subjetivo del desear es el *motor*; el fundamento objetivo del querer, el *motivo*; y de ahí la
diferencia entre fines subjetivos, que se basan en motores,
y fines objetivos, que dependen de motivos que son válidos
para todo ser racional. Los principios prácticos son *formales*
si hacen abstracción de todos los fines subjetivos; pero son
materiales si tienen a estos, y por tanto a ciertos motores, como
fundamento. Los fines que un ser racional se propone de manera discrecional como *efectos* de su acción (fines materiales) son en su conjunto sólo relativos; pues sólo su relación
con una especie particular de facultad de desear del sujeto
428 les da a ellos su valor, el cual por lo tanto | no puede propor-
cionar principios universales, que sean válidos y necesarios
para todo ser racional, ni tampoco para todo querer, es decir,
leyes prácticas. De ahí que todos estos fines relativos sean
sólo el fundamento de imperativos hipotéticos.

Pero supóngase que hubiese algo *cuya existencia* tiene *en
sí misma* un valor absoluto, algo que, *como fin en sí mismo*,
podría ser un fundamento de determinadas leyes; entonces
residiría en ello, y sólo en ello únicamente, el fundamento de un posible imperativo categórico, es decir, de una ley
práctica.

Pues bien, yo digo que el ser humano, y en general todo
ser racional, *existe* como fin en sí mismo, *no meramente como
medio* para el uso discrecional de tal o cual voluntad, sino que
tiene que considerarse en todas sus acciones, tanto las dirigidas hacia sí mismo como también hacia otros seres racionales, siempre *a la vez como fin*. Todos los objetos de las inclinaciones tienen sólo un valor condicionado; pues su objeto
carecería de valor si no existiesen las inclinaciones y las necesidades basadas en estas. Pero las inclinaciones mismas,

como fuentes de las necesidades, están tan lejos de tener un valor absoluto –como para ser anheladas por sí mismas–, que el anhelo universal de todo ser racional tiene que ser más bien el estar completamente libre de ellas. Por lo tanto, el valor de todo objeto *susceptible de ser adquirido* a través de nuestra acción es siempre condicionado. En efecto, los seres cuya existencia no se basa en nuestra voluntad, sino en la naturaleza, tienen con todo, si carecen de razón, sólo un valor relativo, como medios, y por eso se llaman *cosas;* por el contrario, los seres racionales se llaman *personas,* porque su naturaleza los distingue ya como fines en sí mismos, es decir, como algo que no es admisible usar meramente como medio y que, por lo tanto, restringe a este respecto todo arbitrio (y es un objeto de respeto). Por lo tanto, estos no son fines meramente subjetivos, cuya existencia, como efecto de nuestra acción, tiene un valor *para nosotros;* más bien, son *fines objetivos,* es decir, cosas cuya existencia es en sí misma un fin, a saber, un fin en cuyo lugar no puede ponerse ningún otro, al servicio del cual hayan de estar *meramente* como medio, porque sin esto no encontraríamos en ningún lado nada que fuese de un *valor absoluto;* pero si todo valor fuera condicionado y con ello contingente, entonces no podríamos encontrar en ningún lado un principio práctico supremo para la razón.

Así pues, si ha de haber un principio práctico supremo y, en relación con la voluntad humana, un imperativo categórico, tiene que ser tal que, a partir de la representación de lo que necesariamente es un fin para cada cual, por ser *un fin en sí mismo,* | constituya un principio *objetivo* de la volun- 429 tad y, por tanto, pueda servir de ley práctica universal. El fundamento de este principio es: *la naturaleza racional existe como fin en sí mismo.* Es así como el ser humano se representa necesariamente su propia existencia; por lo tanto, es a este respecto un principio *subjetivo* de las acciones humanas. Pero también cualquier otro ser racional se representa así su existencia, como consecuencia precisamente del mismo fundamento racional que también vale para mí*; por lo tanto, es a la vez un principio *objetivo*, a partir del cual tienen que poder derivarse, como de un fundamento práctico supremo, todas las leyes de la voluntad. Por consiguiente, el imperativo práctico será el siguiente: *obra de tal manera que uses la humanidad, tanto en tu persona como también en la persona de cualquier otro, siempre a la vez como fin, nunca meramente como medio.* Veamos si esto puede llevarse a cabo.

Para atenernos a los ejemplos precedentes:

Primero: de acuerdo con el concepto del deber necesario hacia uno mismo, quien tenga en mente el suicidio se preguntará si su acción puede coexistir junto a la idea de la humanidad *como fin en sí mismo.* Si él se destruye a sí mismo para huir de una situación complicada, entonces se sirve de una persona meramente como *un medio* para preservar una situación soportable hasta el final de la vida. Pero el ser humano no es una cosa, ni por lo tanto algo que pueda ser usado *meramente* como medio, sino que tiene que ser considerado en todas sus acciones siempre como un fin en sí mismo. Por lo tanto, no puedo disponer del ser humano en mi persona para mutilarlo, destruirlo o matarlo (aquí tengo que pasar por alto una determinación más exacta de este principio que permita evitar todo malentendido, como por ejemplo la amputación de un miembro para mantenerme con vida, el peligro al que expongo mi vida para salvar la vida, etc.; esta determinación forma parte de la moral propiamente dicha).

Segundo: en lo concerniente al deber necesario o contraído hacia otros, quien tenga la intención de hacer una falsa promesa ante otros comprenderá enseguida que quiere servirse de otro ser humano *meramente como medio* sin que este ser humano contenga a la vez el fin. Pues es imposible que aquel a quien quiero usar para mis propósitos a través de esta

430 promesa pueda estar de acuerdo con mi manera de ǀ proce-

---

* Establezco aquí esta proposición como postulado. Los fundamentos para ello se hallarán en la última sección [*N. de Kant*].

der con él y, por lo tanto, que él mismo pueda contener el fin de esta acción. Este conflicto con el principio de otros seres humanos salta a la vista aún más distintamente cuando se traen a colación ejemplos de ataques contra la libertad y la propiedad de otros. Pues entonces es obvio que quien infringe los derechos de los seres humanos está decidido a servirse de la persona de otros meramente como medio, sin tomar en consideración que estos, como seres racionales, siempre deben ser estimados a la vez como fines, es decir, como seres que tienen que poder contener también en sí mismos el fin de esta misma acción*.

Tercero: en lo que respecta al deber contingente (meritorio) hacia uno mismo, no es suficiente con que la acción no entre en conflicto con la humanidad en nuestra persona, como fin en sí mismo; también tiene que *concordar con ella.* Ahora bien, en la humanidad hay disposiciones para una mayor perfección, que pertenecen al fin de la naturaleza en lo que respecta a la humanidad en nuestro sujeto; el desatenderlas bien podría coexistir en todo caso junto a la *preservación* de la humanidad como fin en sí mismo, pero no con la *promoción* de este fin.

---

* Que no se piense que aquí podría servir como pauta o principio el trivial «*quod tibi non vis fieri, etc.*»[45]. Pues este sólo se deriva de aquel, si bien con diferentes restricciones, y no puede ser una ley universal, pues no contiene el fundamento de los deberes hacia uno mismo, ni el de los deberes de caridad hacia los otros (pues más de uno aceptaría gustoso que otros no tienen el deber de hacerle el bien, con tal de que a él se le permita quedar dispensado de ser el bienhechor de ellos) ni, finalmente, el de los deberes contraídos hacia otros; pues el criminal argumentaría sobre la base de este fundamento contra el juez que lo condena, etc. *[N. de Kant].*

---

[45] En latín en el original: «No quieres que te ocurra, etc.». Alusión a «No hagas a los demás lo que no quieras que te hagan a ti». Esta regla de oro, presente en diferentes culturas y tradiciones, halla expresión en el Evangelio: «Por tanto, todo cuanto queráis que os hagan los hombres, hacédselo también vosotros a ellos; porque esta es la Ley y los Profetas» (Mt 7, 12).

Cuarto: en lo que respecta al deber que merecen los otros, el fin natural que tienen todos los seres humanos es su propia felicidad. Ahora bien, es cierto que la humanidad podría subsistir si nadie contribuyese en nada a la felicidad del otro mientras que no sustraiga deliberadamente nada de ella; tan sólo que, si cada cual no trata también de promover, en lo que de él dependa, los fines de los otros, esto es una concordancia negativa, pero no positiva, con la *humanidad como fin en sí mismo.* Pues si tal representación ha de tener *todo* su efecto en mí, entonces los fines del sujeto que es un fin en sí mismo tienen que ser también, tanto como sea posible, *mis* fines.

Este principio de la humanidad y de toda naturaleza racional como tal, *como fin en sí mismo* (que es la suprema | condición restrictiva de la libertad de las acciones de todo ser humano), no se ha tomado de la experiencia; en primer lugar, debido a la universalidad de tal principio, dado que se dirige a todos los seres racionales como tales, y en relación con esto ninguna experiencia alcanza suficientemente a determinar nada; en segundo lugar, porque en este principio la humanidad no se representa como fin de los seres humanos[46] (en un sentido subjetivo) –es decir, como objeto del que uno hace por sí mismo efectivamente un fin para sí–, sino como fin objetivo, que, cualesquiera que sean los fines que tengamos, debe constituir, como ley, la condición restrictiva suprema de todos los fines subjetivos, por lo que tal principio tiene que surgir de la razón pura. Y es que el fundamento de toda legislación práctica reside *objetivamente en la regla* y en la forma de la universalidad que (de acuerdo con el primer principio) capacita a esta regla para ser una ley (o acaso una ley de la naturaleza), pero subjetivamente reside en el *fin;* sin embargo, el sujeto de todos los fines es (de acuerdo con el segundo principio) todo ser racional,

---

[46] Leyendo «*der*» (A2) en lugar de «*des*» (A1), y en este último caso habría que traducir «del ser humano».

como fin en sí mismo: de aquí se sigue ahora el tercer principio práctico de la voluntad, como condición suprema de la concordancia de esta con la razón práctica universal: la idea *de la voluntad de todo ser racional como una voluntad universalmente legisladora.*

De acuerdo con este principio se rechazan todas las máximas que no pueden coexistir junto con la propia legislación universal de la voluntad. Por lo tanto, no es sólo que la voluntad se somete a la ley, sino que se somete de tal modo que ella tiene que ser considerada asimismo *como autolegisladora* y, sólo en virtud de esto, como sometida a la ley (de la que puede considerarse a sí misma como su autora).

Es cierto que los imperativos, según el precedente modo de representación –a saber, de la conformidad a ley de las acciones universalmente semejante a un *orden natural,* o de la universal *preeminencia del fin* de los seres racionales en sí mismos–, excluían de su autoridad de mando toda mezcla de algún interés como motor, justamente en tanto que estos imperativos se representaban como categóricos; pero sólo eran *asumidos* como categóricos porque tenían que ser asumidos como tales si se pretendía elucidar el concepto de deber. Pero no podía probarse por sí mismo que haya proposiciones prácticas que mandan de modo categórico, tal como tampoco puede ocurrir en general aún en esta sección; sin embargo, sí podría haber ocurrido una cosa, a saber: que el abandono de todo interés en el querer por deber, como la seña distintiva específica del imperativo categórico con respecto al hipotético, | hubiese quedado insinuada en el imperativo 432 mismo a través de alguna determinación contenida en él, y esto es lo que ocurre en la presente tercera fórmula del principio, a saber, en la idea de la voluntad de todo ser racional como una *voluntad universalmente legisladora.*

Pues cuando pensamos en una voluntad así, aun cuando una voluntad *que está bajo leyes* bien podría estar ligada a esta ley por mediación de un interés, una voluntad que es legisladora por encima de todo es imposible que dependa de un interés; pues la voluntad que es dependiente requeriría ella misma otra ley por la que el interés de su amor propio se restringiese a la condición de la validez para ser una ley universal.

Por lo tanto, el *principio* de toda voluntad humana como una *voluntad que es universalmente legisladora a través de todas sus máximas**, siempre y cuando sea correcto, sería *muy conveniente* como imperativo categórico, en tanto que, precisamente en virtud de la idea de una legislación universal, no se *funda en ningún interés,* por lo que sólo él, entre todos los imperativos posibles, puede ser *incondicionado;* o, aun mejor, en la proposición inversa: de haber un imperativo categórico (es decir, una ley para toda voluntad de un ser racional), entonces sólo puede mandar que se haga todo a partir de la máxima de la propia voluntad como una voluntad que a la vez pudiese tenerse por objeto a sí misma como universalmente legisladora; pues sólo entonces es incondicionado el principio práctico y el imperativo al que ella obedece, porque no puede tener en absoluto ningún interés como fundamento.

Ahora bien, si volvemos la vista atrás y consideramos todos los esfuerzos pasados que se han hecho hasta ahora para encontrar el principio de la moralidad, no es de extrañar por qué todos en su conjunto tenían que fracasar. Se veía al ser humano atado a leyes por su deber, pero a nadie se le ocurrió que él está sometido *sólo a su legislación propia* y, sin embargo, *universal,* y que sólo está obligado a obrar en conformidad con su propia voluntad, la cual es, sin embargo, de acuerdo con su fin natural, universalmente legisladora. Pues si se pensaba en él sólo como sometido a una ley (cual-
433 quiera que fuese), entonces esta | tenía que conllevar algún interés como atracción o coacción, porque, como ley, no sur-

---

* Puedo quedar dispensado de aducir ejemplos para explicar este principio, pues todos los ejemplos que explicaban el principio del imperativo categórico y su fórmula pueden servir precisamente para tal fin [N. de Kant].

gía de *su* voluntad, sino que esta última, en conformidad con la ley, se veía constreñida por *algo diferente* a obrar de cierta manera. Pero con esta conclusión completamente necesaria se perdía para siempre todo el trabajo destinado a hallar un fundamento supremo del deber. Porque nunca se obtenía deber, sino la necesidad de la acción a partir de un cierto interés, ya fuese propio o ajeno. Pero entonces el imperativo tenía que resultar siempre como condicionado y en absoluto podía ser apto como mandato moral. Por lo tanto, llamaré a este el principio de la autonomía de la voluntad, en oposición a cualquier otro[47], que por lo tanto cuento como perteneciente a la heteronomía.

El concepto de todo ser racional que tiene que considerarse a sí mismo como universalmente legislador a través de todas las máximas de su voluntad, con el objeto de juzgarse a sí mismo y sus acciones desde este punto de vista, conduce a un concepto muy fecundo que le es inherente, a saber, el de *un reino de los fines*[48].

---

[47] Leyendo «*jedem*» (A2) en lugar de «*jenem*» (Kraft/Schönecker), y en este último caso habría que traducir «aquel otro [principio]».

[48] Kant se inspira en Leibniz para sus conceptos de reino de los fines y reino de la naturaleza: «*Leibniz* llamaba *reino de la gracia* al mundo en tanto que en él se atiende sólo a los seres racionales y su interconexión de acuerdo con leyes morales bajo el gobierno del bien supremo, y lo diferenció del *reino de la naturaleza,* en el que si bien ellos se encuentran bajo leyes morales, no esperan más resultados de su conducta que los que siguen el curso de la naturaleza de nuestro mundo de los sentidos. Por lo tanto, es una idea necesaria en un sentido práctico el considerarse a sí mismo en el reino de la gracia, donde se encuentra toda la felicidad esperándonos, excepto en la medida en que nosotros mismos restrinjamos nuestra participación en él por no ser dignos de ser felices» (*Crítica de la razón pura,* A 812 / B 840). En Leibniz, véase *Notas sobre Bayle* [1706], en G. W. Leibniz, *Metafísica,* ed. de Ángel Luis González, en *Obras filosóficas y científicas,* vol. 2, Granada, Comares, 2010, pp. 307-310; *Monadología* [1714], en *ibid.,* §§ 84-90, pp. 340 y ss.: «Eso es lo que ha hecho que los espíritus sean capaces de entrar en una especie de sociedad con Dios, y por esto Dios, es respecto de ellos, no sólo lo que un inventor respecto a su máquina [...], sino también lo que un príncipe a sus súbditos e incluso un padre a sus hijos. | 85. De donde es fácil concluir que el conjunto

Pero por «reino» entiendo el enlace sistemático de diferentes seres racionales a través de leyes comunes. Ahora bien, dado que las leyes determinan los fines de acuerdo con su validez universal, entonces –si se hace abstracción de las diferencias personales de los seres racionales, así como de todo contenido de sus fines privados– podrá pensarse un conjunto de todos los fines[49] (tanto de los seres racionales, en tanto que fines en sí, como de los fines propios que cada cual puede ponerse a sí mismo) en conexión sistemática, es decir, un reino de los fines, el cual es posible de acuerdo con los principios precedentes.

Pues los seres racionales están todos sujetos a la *ley* de que cada uno de ellos debe tratarse a sí mismo y a todos los otros *nunca meramente como medio*, sino siempre *a la vez como*

---

de todos los espíritus debe componer la ciudad de Dios, es decir, el estado más perfecto que sea posible bajo el más perfecto de los monarcas [...]. | 86. Esta ciudad de Dios, esta monarquía verdaderamente universal, es un mundo moral en el mundo natural y lo más elevado y divino que hay de las obras de Dios [...]. | 87. Al igual que hemos establecido anteriormente una armonía perfecta entre dos reinos naturales, el uno, de las causas eficientes, el otro, de las finales, debemos destacar aquí también otra armonía entre el reino considerado como arquitecto de la máquina del universo, y Dios considerado como monarca de la ciudad divina de los espíritus [...]» (trad. de María Jesús Soto-Bruna). Véase igualmente *Principios de la naturaleza y de la gracia fundados en razón* [1714], en *ibid.*, § 15, p. 350: «Por ello, todos los espíritus, sea de los hombres, sea de los genios, al entrar, por virtud de la razón y de las verdades eternas, en una especie de sociedad con Dios, son miembros de la Ciudad de Dios, es decir, del estado más perfecto formado y gobernado por el más grande y el mejor de los monarcas, en donde no hay crimen sin castigo, ni acciones buenas sin recompensa proporcionada y, en fin, tanta virtud y felicidad como sea posible. Y esto no por un desorden de la naturaleza, como si lo que Dios prepara para las almas perturbara las leyes de los cuerpos, sino por el orden mismo de las cosas naturales, en virtud de la armonía preestablecida desde siempre entre los reinos de la naturaleza y de la gracia, entre Dios como arquitecto y Dios como monarca: de suerte que la naturaleza misma conduce a la gracia y la gracia perfecciona la naturaleza al servirse de ella» (trad. de Rogelio Rovira).

[49] En el original: «*ein Ganzes aller Zwecke*», que literalmente debería traducirse como «un todo de todos los fines».

fin en sí mismo. Pero de este modo surge un enlace sistemático de seres racionales a través de leyes objetivas comunes, es decir, un reino que puede denominarse un reino de los fines (claro está, sólo un ideal), dado que estas leyes tienen precisamente como propósito la referencia recíproca de estos seres como fines y medios.

Ahora bien, un ser racional pertenece como *miembro* a un reino de los fines cuando es universalmente legislador en él, pero también está sometido a estas leyes. Pertenece a él como *jefe* si, como legislador, no | está sometido a la voluntad de otro.   434

El ser racional tiene que considerarse siempre como legislador en un reino de los fines que es posible por la libertad de la voluntad, ya sea como miembro o como jefe. Pero la posición del último no puede él pretenderla meramente a través de las máximas de su voluntad, sino sólo en tanto que es un ser enteramente independiente, con una facultad propia que, sin necesidades ni restricción, es adecuada a la voluntad.

Por lo tanto, la moralidad consiste en la referencia de toda acción a la legislación sólo por la cual es posible un reino de los fines. Pero esta legislación tiene que encontrarse en todo ser racional mismo y tiene que poder surgir a partir de su voluntad, por lo que su[50] principio es: no realizar ninguna acción según una máxima si no es de tal manera que ella también pueda coexistir junto al hecho de ser una ley universal, y, por lo tanto, sólo de tal manera *que la voluntad, a través de su máxima, pueda considerarse a sí misma a la vez como universalmente legisladora*. Ahora bien, si las máximas, por su propia naturaleza, no son ya necesariamente concordantes con este principio objetivo de los seres racionales como universalmente legisladores, entonces la necesidad de la acción de acuerdo con aquel principio se denomina constric-

---

[50] Puede leerse tanto «por lo que el principio de la voluntad» como «por lo que el principio del ser racional».

ción práctica, es decir, *deber*. El deber no le corresponde al jefe en el reino de los fines, pero sí a todo miembro, y además en igual medida.

La necesidad práctica de obrar de acuerdo con este principio, es decir, el deber, no se basa en absoluto en sentimientos, impulsos ni inclinaciones, sino meramente en la relación recíproca de seres racionales, en la cual la voluntad de un ser racional siempre tiene que ser considerada a la vez como *legisladora*, porque de lo contrario este no podría pensarlos[51] como *fin en sí mismo*. Así pues, toda máxima de la voluntad como universalmente legisladora es referida por la razón a cualquier otra voluntad, y también a cualquier acción hacia uno mismo, y por cierto no en virtud de alguna otra motivación práctica o de un provecho ulterior, sino a partir de la idea de la *dignidad* de un ser racional, el cual no obedece a ninguna ley a no ser que a la vez él se la dé a sí mismo.

En el reino de los fines todo tiene o bien un precio, o bien una dignidad[52]. En el lugar de lo que tiene un precio siempre

---

[51] Entiéndase: «porque entonces el ser racional no podría pensar a los [otros] seres racionales».

[52] Lucio Anneo Séneca, *Epístolas morales a Lucilio*, ed. y trad. de Ismael Roca Meliá, Madrid, Gredos, 1986, libro V, epístola 42, 7-8, p. 263: «En esto se muestra evidentemente nuestra estupidez: en pensar que sólo son objeto de compra las cosas por las que pagamos dinero, llamando gratuitas a aquellas por las que sacrificamos nuestras personas. La mercancía que no querríamos comprar si a cambio de ella tuviéramos que entregar nuestra casa y una finca apacible o productiva, estamos muy resueltos a conseguirla a costa de inquietudes, de peligros, de pérdida de honor, de la libertad y del tiempo, hasta tal punto nada hay más vil para cada cual que uno mismo. | Actuemos, pues, en todos nuestros proyectos y negocios igual que solemos hacerlo siempre que acudimos a un mercader: consideremos a qué precio se ofrece el objeto que deseamos. Con frecuencia tiene el máximo coste aquel por el que no se paga ninguno»; véase también, *ibid.*, libro VIII, epístola 71, 33 p. 415: «Estará acorde con este juicio considerar que todas las cosas en conexión con la virtud son bienes y bienes iguales entre sí. En cambio, los bienes del cuerpo son, por supuesto, bienes respecto del cuerpo, pero no son bienes por completo: tendrán, sin duda, algún valor, pero carecerán de rango moral; entre ellos existirán grandes diferencias: unos serán menos importantes y otros más».

puede ponerse otra cosa como *equivalente;* por el contrario, lo que se eleva por encima de cualquier precio y, por tanto, no admite nada equivalente, tiene una dignidad.

Lo que se refiere a las inclinaciones y necesidades humanas universales, tiene un *precio de mercado;* lo que, incluso sin presuponer una necesidad, | es conforme con un cierto gus- 435 to, es decir, con una complacencia en el mero juego carente de fin de nuestras fuerzas anímicas, tiene un *precio afectivo;* pero lo que constituye la condición sólo bajo la cual algo puede ser un fin en sí mismo, no tiene meramente un valor relativo, es decir, un precio, sino un valor intrínseco, es decir, *dignidad.*

Ahora bien, la moralidad es la condición sólo bajo la cual un ser racional puede ser un fin en sí mismo; porque sólo a través de ella es posible ser un miembro legislador en el reino de los fines. Por lo tanto, lo único que tiene dignidad es la moralidad y la humanidad en tanto que tiene la capacidad de la moralidad. Por tanto, la habilidad y la diligencia en el trabajo tienen un precio de mercado; el ingenio, una imaginación vivaz y el humor, un precio afectivo; en cambio, la fidelidad a las promesas, la benevolencia debida a principios (no al instinto), tienen un valor intrínseco[53]. Cuando estas faltan, ni la naturaleza ni el arte contienen nada que puedan poner en su lugar; pues su valor no consiste en los efectos que surgen de ellas, en el provecho y la utilidad que procuran, sino en las actitudes –es decir, en las máximas de la voluntad–, prestas de esta manera a manifestarse en acciones,

---

[53] Compárese con los apuntes de la lección de antropología de Kant tomados por Mrongovius en el semestre de invierno del curso 1784-1785: «Lo bueno es tratado de forma universal. Lo bello, en particular. La virtud tiene una dignidad intrínseca y de ahí que no admita ser aconsejada con beneficios. Esto sería un precio de mercado. Pero la virtud sí puede tener un precio afectivo, que radica en su belleza. Pues con ello no se relaciona ningún provecho propio» (AA 25: 1332 y s., en Immanuel Kant, *Lecciones de antropología. Fragmentos de estética y antropología,* ed. y trad. de Manuel Sánchez Rodríguez, Granada, Comares, 2015, p. 219).

aun cuando no se viesen acompañadas por el éxito. Estas acciones tampoco necesitan de recomendación por parte de alguna disposición o gusto subjetivos, para que se las vea con inmediato favor y complacencia, ni de propensión o sentimientos inmediatos hacia ellas: tales acciones presentan la voluntad que las pone en ejercicio como objeto de un respeto inmediato, para lo cual no se requiere más que razón, para que ellas le *sean impuestas* a la voluntad, y no sean obtenidas de esta *lisonjeramente,* lo cual por lo demás sería una contradicción cuando de lo que se trata es de deberes. Por consiguiente, esta estimación da a conocer como dignidad el valor de un modo de pensar de esta índole y lo[54] pone infinitamente por encima de todo precio, en relación con el cual no puede de ningún modo ser computado ni comparado sin que, por así decirlo, se profane su santidad.

Pero ¿qué es, entonces, lo que autoriza a la actitud moralmente buena, o la virtud, para tan altas pretensiones? Nada menos que la *participación en la legislación universal* que proporciona al ser racional, por medio de lo cual lo hace apto como miembro de un posible reino de los fines, a lo que ya estaba destinado[55] por su propia naturaleza, como fin en sí mismo y, precisamente por esto, como legislador en el reino de los fines, como libre en lo que respecta a todas las leyes de la naturaleza, y obediente sólo de aquellas que él mismo da y de acuerdo con las cuales sus máximas pueden pertenecer a una legislación universal (a la que a la vez él mismo se | somete). Pues nada tiene ningún otro valor más que el que le determina la ley. Pero, precisamente por esto, la legislación que determina todo valor tiene que tener ella misma una dignidad, es decir, un valor incondicionado e incomparable, para el cual sólo la palabra «respeto» da conveniente expresión

436

---

[54] Entiéndase: «y pone este modo de pensar infinitamente por encima».

[55] En el original: «*bestimmt*».

de la estimación que un ser racional tiene que profesarle[56]. La *autonomía* es, por lo tanto, el fundamento de la dignidad de la naturaleza humana y de toda naturaleza racional.

Pero los tres modos aducidos de representar el principio de la moralidad son fundamentalmente sólo otras tantas fórmulas de justamente la misma ley, cada una de las cuales por sí misma unifica en sí a las otras dos. Sí hay, no obstante, una diferencia en ellas, que no es tanto objetivamente sino subjetivamente práctica, a saber, para acercar una idea de la razón a la intuición (de acuerdo con cierta analogía) y, a través de esto, al sentimiento. Pues todas las máximas tienen:

1) una *forma,* que consiste en la universalidad, y entonces la fórmula del imperativo moral se expresa así: que las máximas tienen que ser elegidas como si hubiesen de valer como leyes universales de la naturaleza;

2) una *materia,* a saber, un fin, y entonces la fórmula dice que el ser racional, como fin de acuerdo con su naturaleza y, con ello, como fin en sí mismo, tiene que servir a toda máxima como condición restrictiva de todos los fines meramente relativos y arbitrarios;

3) una *determinación completa* de todas las máximas a través de tal fórmula, a saber: que todas las máximas de la legislación de uno[57] deben concordar para un posible reino de los fines en tanto que un reino de la naturaleza*. La progresión ocurre aquí como con las categorías de la *unidad* de la for-

---

* La teleología considera la naturaleza como un reino de los fines; la moral, como un posible reino de los fines en tanto que un reino de la naturaleza. En la primera el reino de los fines es una idea teórica, para la elucidación de lo que existe. En la segunda, una idea práctica para llevar a cabo lo que no existe, pero puede llegar a ser efectivamente real por nuestra acción u omisión, y precisamente en conformidad con esa idea [N. de Kant].

---

[56] Puede entenderse tanto «que tiene que profesarle a la legislación» como «que tiene que profesarle a la dignidad».

[57] En el original, «*aus eigener Gesetzgebung*».

ma de la voluntad (la universalidad de esta), de la *pluralidad* de la materia (los objetos, es decir, los fines), y de la *totalidad* de su sistema[58]. Pero en el *enjuiciamiento* moral es mejor proceder siempre según el método estricto y poner como fundamento la fórmula universal del imperativo categórico:

437   *«obra de acuerdo con la máxima que a la vez | pueda hacerse a sí misma ley universal»*. Pero si también se quiere proporcionar *acceso* a la ley moral, es muy útil guiar una y la misma acción por medio de los tres conceptos mencionados y, de este modo, acercarla a la intuición tanto como sea factible.

Ahora podemos terminar allí donde comenzamos, a saber, en el concepto de una voluntad incondicionadamente buena. Es *absolutamente buena la voluntad* que no puede ser moralmente mala, cuya máxima, por tanto, nunca puede entrar en conflicto consigo misma cuando se la convierte en una ley universal. Por lo tanto, este principio es también la ley suprema de la voluntad: «Obra siempre según la máxima cuya universalidad puedas querer a la vez como ley»; esta es la única condición bajo la cual una voluntad nunca puede estar en conflicto consigo misma, y un imperativo tal es categórico. Dado que la validez de la voluntad, como una ley universal para acciones posibles, tiene una analogía con la conexión universal de la existencia de las cosas de acuerdo con leyes universales, lo cual es lo formal de la naturaleza como tal, el imperativo categórico puede ser expresado también del modo siguiente: *«obra de acuerdo con máximas que, a la vez, puedan tenerse por objeto a sí mismas en tanto que leyes universales de la naturaleza»*. Por lo tanto, es así como se constituye la fórmula de una voluntad absolutamente buena.

La naturaleza racional se distingue de las demás en que ella se pone a sí misma un fin. Esta sería la materia de toda

---

[58] En el original: *«der Allheit oder Totalität des Systems derselben»*. En primer lugar, Kant parece establecer una sinonimia entre *«Allheit»* y *«Totalität»*, términos ambos que traducimos por «totalidad». Por otro lado, el antecedente de *«derselben»* es incierto por indeterminado, por lo que en la medida de lo posible intentamos recoger esta indeterminación en la traducción.

buena voluntad. Pero dado que en la idea de una voluntad absolutamente buena, sin condición restrictiva (de lograr tal o cual fin) tiene que hacerse abstracción por completo de todo fin *que haya de efectuarse* (en tanto que este haría que toda voluntad fuera sólo relativamente buena), se tendrá que pensar aquí el fin no como uno que haya de ser efectuado, *sino* como un fin *que existe independientemente,* y, por lo tanto, se lo tendrá que pensar sólo en sentido negativo, es decir, como algo en contra de lo cual no se tiene que obrar nunca, por lo que, en todo querer, nunca tiene que estimarse meramente como medio, sino siempre a la vez como fin. Pues bien, este fin no puede ser más que el sujeto de todos los fines posibles mismos, porque él es a la vez el sujeto de una posible voluntad absolutamente buena; porque esta no puede, sin contradicción, ser tenida en menos que otro objeto. En conformidad con esto, el principio «obra con respecto a todo ser racional (con respecto a ti mismo y a otros) de tal manera que este valga en tu máxima a la vez como fin en sí mismo» es fundamentalmente idéntico al principio «obra de acuerdo con una máxima que | contenga a la vez en sí su propia 438 validez universal para todo ser racional». Pues decir que, en el uso de los medios para todo fin, debo restringir mi máxima a la condición de su universal validez, como una ley para todo sujeto, es tanto como decir que el sujeto de los fines, es decir, el ser racional mismo, tiene que ser puesto como fundamento de todas las máximas de las acciones, pero nunca meramente como medio, sino más bien como suprema condición restrictiva en el uso de todos los medios, es decir, siempre a la vez como fin.

Pues bien, de aquí se sigue de modo incontestable que todo ser racional, como fin en sí mismo, tiene que poder considerarse a sí mismo a la vez como universalmente legislador con respecto a todas las leyes a las que pueda estar sometido, porque es precisamente esta conveniencia de sus máximas para una legislación universal lo que lo distingue a él como un fin en sí mismo; se sigue igualmente que la dignidad (prerrogativa) de este ser, frente a todo ser meramente natural, lleva consigo el tener que adoptar sus máximas siempre desde el punto de vista de sí mismo, pero a la vez también desde el punto de vista de todo otro ser racional como legislador (que, por eso, también se llaman persona). Pues bien, de esta manera es posible un mundo de seres racionales *(mundus intelligibilis)*[59] como un reino de los fines, a saber, por la legislación propia de todas las personas como miembros. En conformidad con esto, todo ser racional tiene que obrar como si él, mediante sus máximas, siempre fuese un miembro legislador en el reino universal de los fines. El principio formal de estas máximas es: «Obra como si tu máxima debiese servir a la vez como ley universal (de todos los seres racionales)». Por lo tanto, un reino de los fines sólo es posible según la analogía con un reino de la naturaleza –pero el primero sólo de acuerdo con máximas, es decir, reglas que uno se impone a sí mismo, mientras que el segundo sólo de acuerdo con leyes de causas eficientes constreñidas externamente–. Aun sin considerar esto, al todo de la naturaleza –aunque se lo considere como máquina–, en tanto que tiene referencia a seres racionales como fines de este, se le da también el nombre de un reino de la naturaleza. Ahora bien, un reino de los fines tal se realizaría efectivamente mediante máximas cuya regla se prescribe a todos los seres racionales por el imperativo categórico, *si tales máximas fueran seguidas universalmente.* Ciertamente, el ser racional, aunque siguiese puntualmente esta máxima, no por ello podría contar con que cualquier otro sería fiel a ella, ni con que el reino de la naturaleza y la ordenación conforme a fines de este reino concuerden con él mismo –como un miembro que le conviene– para un reino de los fines que es posible por él –es decir,

439 no podría contar con que se favorezca su expectativa de la | felicidad–; y sin embargo, a pesar de esto, aquella ley, a saber, «obra de acuerdo con las máximas de un miembro que

[59] En latín en el original: «mundo inteligible».

legisla universalmente para un reino de los fines meramente posible», conserva toda su fuerza, porque manda categóricamente. Y la paradoja radica precisamente en que la mera dignidad de la humanidad, como naturaleza racional, sin ningún otro fin o provecho que haya de ser alcanzado por ella, por lo tanto el respeto por una mera idea, debería sin embargo servir como prescripción impostergable de la voluntad; y que la sublimidad de la máxima y la dignidad de todo ser racional para ser un miembro legislador en un reino de los fines consiste precisamente en esta independencia de la máxima con respecto a todos los motores; pues de lo contrario este ser tendría que ser representado sólo como sometido a la ley natural de sus necesidades. Aunque también el reino de la naturaleza se pensase como unificado bajo un jefe, como el reino de los fines, y de este modo este dejase de ser una mera idea y obtuviese verdadera realidad, con esto tal idea ganaría sin duda el incremento de un importante motor, pero nunca aumentaría su valor intrínseco; pues, con independencia de esto, incluso este legislador único y omnímodo siempre tendría que ser representado tal como si él juzgase el valor de los seres racionales sólo de acuerdo con la conducta desinteresada de ellos, que les es prescrita a ellos mismos por aquella idea. La esencia de las cosas no se altera por sus relaciones externas, y cualquiera, incluso el ser supremo, tiene que juzgar al ser humano sin pensar en ellas[60], de acuerdo con lo único que constituye su valor absoluto. Por consiguiente, la *moralidad* es la relación de las acciones con la autonomía de la voluntad, es decir, con la legislación universal que las máximas de esta voluntad posibilitan. La acción que puede coexistir junto con la autonomía de la voluntad es *lícita;* la que está en desacuerdo con ella, *ilícita*. La voluntad cuyas máximas concuerdan necesariamente con las leyes de la autonomía es una voluntad *santa,* absolutamente buena. La dependencia de una voluntad que

---

[60] Entiéndase: «sin pensar en las relaciones externas».

no es absolutamente buena, con respecto al principio de la autonomía (la constricción moral), es *obligación*. Por lo tanto, esta no pueda ser referida a un ser santo. La necesidad objetiva de una acción por obligación se llama *deber*.

A partir de lo precedente puede ahora elucidarse fácilmente cómo es que, aunque con el concepto de deber pensemos en un sometimiento a una ley, a través de ello a la vez 440   nos I representamos en efecto cierta sublimidad y *dignidad* en la persona que cumple todos sus deberes. Pues, ciertamente, no hay sublimidad en ella en tanto que está *sometida* a la ley moral, pero sí en tanto que es legisladora con respecto a esta misma ley y sólo por ello se subordina a ella. También hemos mostrado más arriba que el motor que puede dar un valor moral a la acción no es ni el temor ni la inclinación, sino únicamente el respeto por la ley. El objeto del respeto es propiamente nuestra propia voluntad en tanto que ella sólo obrase bajo la condición de una legislación universal que es posible por sus máximas –esa voluntad que es posible para nosotros en la idea–, y la dignidad de la humanidad consiste justamente en esta capacidad de ser universalmente legisladora, si bien con la condición de estar al mismo tiempo sometida precisamente a esta misma legislación.

LA AUTONOMÍA DE LA VOLUNTAD COMO PRINCIPIO SUPREMO DE LA MORALIDAD

La autonomía de la voluntad es la constitución de la voluntad por la que esta es una ley para sí misma (independientemente de toda constitución de los objetos del querer). Por lo tanto, el principio de la autonomía es: no elegir sino de manera tal que las máximas de la propia elección estén comprendidas en el mismo querer a la vez como una ley universal. Que esta regla práctica sea un imperativo, es decir, que la voluntad de todo ser racional esté necesariamente obligada a ella como condición, es algo que no puede probarse por el mero análisis de los conceptos de que consta, porque es una proposición sintética; se tendría que ir más allá del conocimiento de los objetos y pasar a una crítica del sujeto, es decir, de la razón práctica pura, pues esta proposición sintética, que manda de modo apodíctico, tiene que poder conocerse de manera enteramente *a priori;* pero esta es una tarea que no forma parte de la presente sección. Sin embargo, por medio del mero análisis de los conceptos de la moralidad sí se puede muy bien demostrar que dicho principio de la autonomía es el principio único de la moral. Pues de este modo se descubre que el principio de la moralidad tiene que ser un imperativo categórico, pero este no manda ni más ni menos que justamente esta autonomía. | 441

LA HETERONOMÍA DE LA VOLUNTAD COMO FUENTE DE TODOS LOS PRINCIPIOS INAUTÉNTICOS DE LA MORALIDAD

Si la voluntad busca la ley que debe determinarla *en algo que no sea* la aptitud de sus máximas para su propia legislación universal[61]; si ella, por lo tanto, al ir más allá de sí misma, la busca en la constitución de alguno de sus objetos, entonces el resultado siempre será la *heteronomía.* Pues entonces la voluntad no se da a sí misma la ley, sino que el objeto, por su relación con la voluntad, le da a esta la ley. Esta relación, ya se base en la inclinación o en representaciones de la razón, no admite más que la posibilidad de imperativos hipotéticos: «Yo debo hacer algo *porque quiero algo otro*». En cambio, el imperativo moral, categórico, por lo tanto, dice: «Yo debo obrar de tal o cual manera aun cuando no quiera otra cosa». Por ejemplo, aquel[62] dice: «No debo mentir si quiero seguir conservando mi reputación de persona honrada»; mientras que este[63] dice: «No debo mentir, aun-

---

[61] Entiéndase: «la legislación universal de la voluntad».
[62] Entiéndase: «el imperativo hipotético».
[63] Entiéndase: «el imperativo categórico».

que esto no me ocasione la más mínima deshonra». Por lo tanto, el último tiene que hacer abstracción de todo objeto hasta el punto de que este no tenga ningún *influjo* sobre la voluntad, para que la razón práctica (la voluntad) no meramente administre el interés ajeno, sino que más bien demuestre su propia autoridad de mando como legislación suprema. Así pues, debo intentar, por ejemplo, promover la felicidad ajena, no como si me fuera en algo su existencia (ya sea por una inclinación inmediata o por alguna complacencia indirecta a través de la razón), sino meramente porque la máxima que la excluye no puede ser comprendida como una ley universal en uno y el mismo querer.

DIVISIÓN DE TODOS LOS PRINCIPIOS POSIBLES DE LA MORALIDAD A PARTIR DEL CONCEPTO FUNDAMENTAL DE LA HETERONOMÍA ADOPTADO

Aquí, como por doquier en su uso puro, la razón humana, mientras le falta la crítica, ensaya todos los caminos equivocados antes de que consiga encontrar el único verdadero[64].

---

[64] Se trata del ensayo que marca la revolución en el modo de pensar en la metafísica, según la analogía con el ensayo de Copérnico y otros antes de él: «Yo debería pensar que los ejemplos de la matemática y de la ciencia natural, que se han convertido en lo que ahora son por medio de una revolución que se ha producido a la vez, serían lo suficientemente notables como para que se reflexionara acerca de los elementos esenciales de la transformación del modo de pensar que ha sido tan provechoso para ellas y para que se las imitara aquí, al menos a modo de ensayo, en la medida que lo admite la analogía de las mismas, como conocimientos racionales, con la metafísica. Hasta ahora se ha asumido que todo nuestro conocimiento debe regirse por los objetos; pero todos los intentos, bajo este presupuesto, de establecer *a priori* algo sobre los objetos mediante conceptos, a través de lo cual se expandiera nuestro conocimiento, resultaban en nada. Así pues, ensáyese por una vez si no avanzamos mejor en las tareas de la metafísica asumiendo que los objetos deben regirse por nuestro conocimiento, lo cual concuerda ya mejor con la deseada posibilidad de un conocimiento *a priori* de los objetos que haya de establecer algo acerca de ellos antes de que nos sean dados» (*Crítica de la razón pura,* B XV-XVI).

Todos los principios que han de poder adoptarse desde este punto de vista son o bien *empíricos,* o bien *racionales.* Los primeros, a partir del principio | de la *felicidad,* se erigen 442 sobre el sentimiento físico o el sentimiento moral; los segundos, a partir del principio de la *perfección,* se erigen o bien sobre el concepto racional de ella como efecto posible, o bien sobre el concepto de una perfección que existe independientemente (la voluntad de Dios), como causa determinante de nuestra voluntad.

Los *principios empíricos* no son aptos en ningún respecto para que sobre ellos se funden las leyes morales. Pues la universalidad con que estas han de valer para todo ser racional sin distinción, así como la necesidad práctica incondicionada que se les impone de este modo, desaparece cuando su fundamento se extrae del *particular arreglo de la naturaleza humana* o de las circunstancias contingentes en que esta se encuentra. Sin embargo, el más reprochable es el principio de la *propia felicidad,* no sólo porque es falso y la experiencia contradice el pretexto de que el bienestar siempre se acomoda a la buena conducta, ni tampoco porque no contribuye absolutamente en nada a la fundación de la moralidad, ya que ni de lejos es lo mismo hacer que un ser humano sea feliz que hacer que sea bueno, como tampoco es lo mismo hacer que este sea prudente y despabilado en virtud de su provecho que hacer que sea virtuoso: más bien, es más reprochable porque pone a la base de la moralidad motores que en realidad la socavan y que aniquilan por completo su sublimidad, al situar en la misma clase los móviles para la virtud junto con los móviles para el vicio y enseñarnos sólo a mejorar nuestros cálculos, borrando por completo la diferencia específica entre ambos. En cambio, el sentimiento moral, ese pretendido sentido especial* (por más superficialmente que

---

* Incluyo el principio del sentimiento moral en el de la felicidad, porque todo interés empírico promete, por medio del agrado ofrecido por algo –ya ocurra esto inmediatamente y sin que se tenga el provecho

se lo invoque, cuando quienes no pueden *pensar* creen salir
del apuro con el *sentir,* incluso cuando se trata de leyes universales; por más que los sentimientos, que por naturaleza

---

como propósito, ya ocurra en consideración de esto–, una contribución
al bienestar. Igualmente, debe incluirse, con *Hutcheson*[65], el principio de
la implicación en la felicidad de los otros en el mismo sentido moral
asumido por él *[N. de Kant].*

---

[65] Francis Hutcheson (Úlster, 1694-Dublín, 1746), economista y filósofo irlandés. Por su influencia en los filósofos escoceses del siglo XVIII,
debe considerarse uno de los iniciadores de la Ilustración escocesa. Entre
sus obras destacan *Enquiry into the Original of Our Ideas of Beauty and Vir-
tue* (1725), cuya traducción poseía Kant: *Untersuchung unserer Begriffe von
Schönheit und Tugend in zwo Abhandlungen,* trad. de J. H. Merck, Frankfurt
am Main y Leipzig, 1762; así como *An Essay on the Nature and Conduct of
the Passions and Affections, with Illustrations on the Moral Sense* (1728); en su
traducción alemana: *Abhandlung über die Natur und Beherrschung der Lei-
denschaften und Neigungen und über das moralische Gefühl insonderheit,* trad.
de J. G. Gellius, Leipzig, 1760. Hutcheson sostenía que el juicio moral no
se basa propiamente en la razón, sino en el sentido moral, de naturaleza
empírica y sensible. La tradición de Hutcheson y otros filósofos anglosajones tendrá una clara influencia en el desarrollo intelectual de Kant, lo
cual es atestiguado principalmente por los apuntes de sus estudiantes en
sus lecciones de antropología. En los más cercanos cronológicamente a la
publicación de la *Fundamentación,* Kant expone a sus estudiantes: «A veces hay quien también se acerca al fanatismo en la filosofía, por ejemplo
cuando se representa el sentimiento moral como algo especial en el alma,
tal como hace Hutcheson» (AA 25: 1257, traducción en Immanuel Kant,
Lecciones de Antropología, op. cit., p. 199). Atiéndase especialmente a *Moral
Mrongovius II* (1784-1785), AA 29: 625 y s.: «El principio del sentimiento
moral. Este es una nada absoluta. Del sentimiento de una sensación, que
puede ser diferente en cada criatura, no puede derivarse una ley universalmente válida para todas las criaturas racionales, pero es de esta forma
como tiene que constituirse el principio moral. – Debe haber un sentido
interno por el cual se tenga la capacidad de la complacencia o displicen-
cia en las acciones morales [...]. Pero la moral no puede ser sentida. Todas
las reglas a partir del sentimiento son contingentes y sólo para seres que
poseen tal sentimiento. – [...] En el fondo sólo tenemos un sentimiento, a
saber, el de placer y displacer, y es el juicio sobre la totalidad de nuestro
bienestar. Hay diferencias especies de sentido, pero sólo un sentimiento de
placer. De haber más sentimientos de discernimiento mediante la complacencia, entonces no podríamos diferenciar el sentimiento según el grado.

son infinitamente diferentes entre sí según el grado, no ofrezcan una pauta uniforme de medida del bien y del mal, y que uno con su sentimiento no pueda en absoluto juzgar de una manera válida para los demás), permanece sin embargo más cerca de la moralidad y de su dignidad al concederle a la virtud el honor de adjudicarle a ella *inmediatamente* la complacencia y la alta estima que se le tiene, sin | decirle a la cara, 443 por así decirlo, que no es su belleza, sino sólo el provecho lo que nos ata a ella.

Entre los fundamentos de la moralidad *racionales* o de la razón[66], el concepto ontológico de la *perfección* (por más vacío e indeterminado, y, por lo tanto, por más inútil que sea para encontrar, en el campo inconmensurable de la realidad posible, la suma máxima que nos es conveniente; y también por mucho que, para diferenciar específicamente la realidad de la que se trata aquí con respecto a todas las demás, este

------

[…] Shaftesbury, alumno de Locke, estableció este principio por primera vez. Pero se podría admitir el sentimiento moral si de lo que se tratara fuera del motor del ánimo hacia la moral, pero no como un principio de enjuiciamiento de la acción moral. Puede ser la receptividad de nuestra voluntad a ser movida por leyes morales como motores. El juicio acerca de la moral consiste en principios objetivos, pero el motor es subjetivo: este hace que la voluntad sea práctica. Cuando la razón misma puede determinar nuestra voluntad, entonces la primera tiene sentimiento moral. La razón se ocupa o bien del interés de las inclinaciones, o bien de su propio interés. En el primer caso ella es servicial, mientras que en el segundo es legisladora […]. El sentimiento moral es el respeto interno por la ley. La simpatía es mucho más útil, pero no es constitutiva de las intenciones morales: es patológica y se halla también entre los animales. El sentimiento moral no forma parte de la legislación, sino que es más bien el fundamento de la ejecución de la ley; pero no puede ser el *criterium* de lo bueno, pues en cada uno el sentimiento es diferente y no es posible polemizar, porque uno no puede comunicarle al otro su sentimiento. Pero lo bueno tiene que valer universalmente: cuando alguien dice que siente la verdad, entonces no hay por donde comenzar con él. Es una pendiente resbaladiza de los idiotas el decir que ellos sienten que es verdad. La moralidad debe erigirse sobre fundamentos *a priori*».

[66] En el original: «*Unter den* rationalen *oder Vernunftgründen der Sittlichkeit*».

concepto tenga una inevitable propensión a girar en círculos en torno a sí y no pueda evitar presuponer ocultamente la moralidad que ha de elucidar) es, con todo, mejor que el concepto teológico[67], por el que la moralidad se deriva de una voluntad divina y omniperfecta; no sólo porque, en efecto, no intuimos la perfección de esta voluntad, que sólo podemos derivar de nuestros conceptos –de entre los cuales el de la moralidad es el principal–, sino porque, si no hacemos esto último (pues, si esto ocurriera, se daría un grosero círculo explicativo), el concepto de su voluntad que nos quedaría, a partir de atributos como los deseos de honra y de dominio, junto a las terribles representaciones del poder y del afán de venganza, tendría que servir de fundamento para un sistema de las costumbres que se opondría frontalmente al de la moralidad.

Pero si yo tuviera que elegir entre el concepto del sentido moral y el de la perfección como tal (al menos ninguno de los dos le hace quebranto a la moralidad, aunque no sean en absoluto aptos como fundamentos en que sostenerla), entonces me decantaría por el último, porque este –dado que en ocasiones le retira al menos a la sensibilidad la decisión sobre la cuestión, para elevarla al tribunal de la razón pura–, aunque no decida nada en relación con esto, sin embargo preserva inalterada la idea indeterminada (de una voluntad buena en sí) para una determinación más precisa.

Además, creo poder quedar dispensado de una prolija refutación de todas estas concepciones. Esta es tan fácil que es de presumir que al hacerlo sólo haríamos un trabajo superfluo, por lo bien que comprenden esta refutación incluso aquellos a quienes el cargo exige declararse en favor de alguna de estas teorías (pues su audiencia seguramente no sufrirá de una suspensión de su juicio). Pero lo que aquí más nos interesa es saber que estos principios no establecen más que heteronomía de la voluntad como primer funda-

---

[67] Entiéndase: «el concepto teológico [de la perfección]».

mento de la moralidad y que precisamente por esto tienen necesariamente que malograr su objetivo.

| Dondequiera que un objeto de la voluntad tenga que 444 ser puesto como fundamento para que a esta se le prescriba la regla que la determina, allí la regla no es más que heteronomía; el imperativo es condicionado, a saber: «*Si* –o *porque*– se quiere este objeto, debe obrarse de tal o cual modo»; por lo tanto, este imperativo nunca puede mandar en un sentido moral, es decir, categóricamente. Si el objeto determina la voluntad, ya sea por mediación de la inclinación, como ocurre con el principio de la propia felicidad, ya sea por mediación de la razón dirigida a objetos de nuestro posible querer como tal, en el caso del principio de la perfección, entonces la voluntad nunca se determina *inmediatamente* a sí misma a través de la representación de la acción, sino sólo mediante el motor que el efecto previsto de la acción provoca en la voluntad; «debo hacer algo debido a que quiero algo otro», y aquí tiene que ponerse en mi sujeto, como fundamento, una ley adicional, de acuerdo con la cual quiero necesariamente esa otra cosa, pero esta ley requiere a su vez un imperativo que restrinja esta máxima. Pues, como el impulso que[68] la representación de un objeto que es posible por nuestras fuerzas debe ejercer sobre la voluntad del sujeto, de acuerdo con la constitución natural de este, forma parte de la naturaleza de este –ya sea de la sensibilidad (de la inclinación y del gusto), ya sea del entendimiento y la razón, que por el particular arreglo de la naturaleza de estos se ejercitan con complacencia con ocasión de un objeto–[69], así pues, es propiamente la naturaleza la que da la ley, la cual, a este respecto, no sólo tiene que conocerse y probarse mediante la experiencia –por lo que en sí misma es contingente y, así,

---

[68] Leyendo «*der*» (Hartenstein) en lugar de «*den*» (A2).

[69] El fragmento «que por el particular arreglo […] con ocasión de un objeto» es introducido por Kant en A2; en su lugar en A1 encontramos: «que adoptan de la perfección como tal (cuya existencia depende o bien de sí misma, o sólo de la suprema perfección subsistente por sí misma)».

se hace inservible para reglas apodícticas, tal como tiene que ser la regla moral–, sino que es *siempre sólo heteronomía* de la voluntad: la voluntad no se da sí misma la ley, sino que un impulso ajeno le da la ley a la voluntad, por medio de una naturaleza del sujeto acorde con su receptividad[70].

Por lo tanto, la voluntad absolutamente buena, cuyo principio tiene que ser un imperativo categórico, sólo contendrá, indeterminada con respecto a todos los objetos, la *forma del querer* como tal, a saber, como autonomía: es decir, la aptitud de la máxima de toda buena voluntad para convertirse ella misma en una ley universal es la única ley que la voluntad de todo ser racional se impone a sí misma, sin basarse en ningún motor ni interés[71] como fundamento.

Cómo sea posible tal proposición práctica sintética a priori y por qué sea necesaria es un problema cuya solución ya no se sitúa dentro de los límites de la metafísica de las costum-
445 bres, y tampoco hemos | afirmado aquí su verdad, y menos aún hemos pretendido tener en nuestro poder una prueba de ella. Tan sólo hemos mostrado, mediante el desenvolvimiento del concepto de la moralidad que generalmente está en boga, que una autonomía de la voluntad le es inherente de manera inevitable o, más bien, que le sirve de fundamento. Quien crea que la moralidad es algo[72], no una idea quimérica carente de verdad, a la vez tiene que admitir el principio de ella que he aducido. Por lo tanto, esta sección, al igual que la primera, ha sido meramente analítica. Ahora bien, que la moralidad no es una fantasía, lo cual se sigue de que el imperativo categórico y, con él, la autonomía, es verdade-

---

[70] Entiéndase: «de acuerdo con la receptividad del impulso», pero también podría entenderse «de acuerdo con la receptividad de la voluntad».

[71] El original es ambiguo, pero es plausible entender: «sin basarse en ningún motor ni interés de estos seres racionales», aunque también podría entenderse «sin basarse en ningún motor ni interés de esta aptitud de la máxima» o «sin basarse en ningún motor ni interés de la máxima». Hemos empleado una fórmula que conserva esta ambigüedad.

[72] En el original, *«für Etwas»*.

ro y, como un principio *a priori,* absolutamente necesario, exige un *uso sintético posible de la razón práctica pura,* algo que sin
embargo no nos es lícito aventurar si no emprendemos una
crítica de esta facultad misma de la razón, cuyas líneas generales, suficientes para nuestro propósito, tenemos que expo-
ner en la última sección. |

446

SECCIÓN TERCERA
Tránsito de la metafísica de las costumbres
a la crítica de la razón práctica pura

EL CONCEPTO DE LA LIBERTAD ES LA CLAVE PARA LA
ELUCIDACIÓN DE LA AUTONOMÍA DE LA VOLUNTAD

La *voluntad* es una especie de causalidad de seres vivos
en tanto que son racionales, y la *libertad* sería aquella propiedad de tal causalidad por la que esta puede ser eficiente
con independencia de causas ajenas que la *determinen*, así
como la *necesidad natural* es aquella propiedad de la causalidad de todos los seres irracionales que consiste en ser determinada a la actividad por el influjo de causas ajenas.

Esta definición de la libertad es *negativa* y, por eso, estéril
para la intelección de su esencia; sin embargo, de ella emana un concepto *positivo* de la libertad que es tanto más nu-
trido y fecundo. Puesto que el concepto de una causalidad
lleva consigo el de *leyes*, de acuerdo con las cuales por algo
que llamamos causa tiene que ponerse algo otro, a saber, la
consecuencia, así pues, la libertad, aunque no sea una propiedad de la voluntad de acuerdo con leyes de la naturaleza,
no por ello carece en absoluto de ley, sino que más bien tiene que ser una causalidad de acuerdo con leyes invariables,
pero de una especie particular; porque, de lo contrario, una
voluntad libre sería una quimera. La necesidad natural era
una heteronomía de las causas eficientes, pues todo efecto

era posible sólo de acuerdo con la ley de que algo otro le determinase la causa eficiente a la causalidad. Pero, entonces,
447 ¿qué otra cosa puede | ser la libertad de la voluntad sino autonomía, es decir, la propiedad de la voluntad de ser una ley para sí misma? Pero la proposición «La voluntad es en todas las acciones una ley para sí misma» designa sólo el principio de no obrar de acuerdo con ninguna otra máxima más que aquella que también pueda tenerse a sí misma por objeto en tanto que una ley universal. Pero esta es precisamente la fórmula del imperativo categórico y el principio de la moralidad: por lo tanto, una voluntad libre y una voluntad bajo leyes morales son una y la misma cosa.

Por consiguiente, si se presupone la libertad de la voluntad, entonces de ello se sigue la moralidad junto con el principio de esta, por el mero análisis de su[1] concepto. Pero no por ello deja de ser esta una proposición sintética: «una voluntad absolutamente buena es aquella cuya máxima, considerada como ley universal, siempre puede contenerse a sí misma»; pues esa propiedad de la máxima no puede ser hallada mediante el análisis del concepto de una voluntad absolutamente buena. Pero proposiciones sintéticas como esta sólo son posibles porque ambos conocimientos se enlazan entre sí por medio de la conexión de ellos con un tercer elemento[2] en el que ambos han de encontrarse. El concepto *positivo* de la libertad proporciona este tercer elemento, que no puede ser, como en las causas físicas, la naturaleza del mundo de los sentidos (en cuyo concepto[3] se reúnen los conceptos de algo como causa, en relación con *algo otro* como efecto). Qué sea este tercer elemento, al que nos remite la libertad y del que *a priori* tenemos una idea, no puede demostrarse aquí todavía, como tampoco puede hacerse comprender la deducción del concepto de la libertad a par-

---

[1] Entiéndase: «del concepto [de la libertad]».
[2] En el original, *«mit einem dritten»*.
[3] Entiéndase: «en el concepto de la naturaleza del mundo de los sentidos».

tir de la razón práctica pura y, a través ella[4], también la posibilidad de un imperativo categórico, sino que esto más bien requiere alguna preparación.

LA LIBERTAD TIENE QUE SER PRESUPUESTA COMO PROPIEDAD DE LA VOLUNTAD DE TODOS LOS SERES RACIONALES

No basta con que a nuestra voluntad, por la razón que sea, le adscribamos libertad si no tenemos una razón suficiente[5] para atribuírsela igualmente a todos los seres racionales. Pues, como la moralidad sirve de ley para nosotros meramente como ley para *seres racionales,* así también ha de tener validez para todos los seres racionales, y como ella tiene que ser derivada únicamente de la propiedad de la libertad, así también tiene que probarse la libertad como propiedad de la voluntad de todos los seres racionales; y no basta con | exponerla a partir de ciertas presuntas experiencias de la naturaleza humana (aunque esto sea absolutamente imposible, y sólo pueda ser expuesto *a priori*), sino que tiene que probarse como algo que pertenece[6], como tales, a los seres racionales y dotados de una voluntad. Pues bien, afirmo que todo ser que no puede obrar más que *bajo la idea de la libertad* es precisamente por eso efectivamente libre en un respecto práctico; es decir, para este ser tienen validez todas las leyes que se encuentran inseparablemente enlazadas con la libertad precisamente como si su voluntad fuese declarada libre también en sí misma y tuviese validez en la filosofía teórica*. Pues bien, afirmo que a todo ser racional

448

---

* Ese camino –el de asumir la libertad sólo en tanto que puesta por fundamento por los seres racionales en sus acciones meramente *en la idea–*

---

[4] Puede entenderse tanto «a través de esta deducción» como «a través de la libertad».

[5] En el original, «*hinreichenden Grund*», es decir, un fundamento suficiente.

[6] Leyendo «*gehörig*» (añadido de Hartenstein).

que tiene una voluntad también tenemos que concederle necesariamente la idea de la libertad, sólo bajo la cual él obra. Pues en tal ser pensamos una razón que es práctica, es decir, que tiene causalidad en lo que respecta a sus objetos. Ahora bien, es imposible pensar en una razón que con su propia conciencia fuese conducida en sus juicios desde una instancia diferente a ella misma, pues entonces el sujeto no adscribiría la determinación de su Juicio a su propia razón, sino a un impulso. Ella tiene que considerarse a sí misma como autora de sus principios, con independencia de influjos ajenos, y por consiguiente tiene que considerar que ella misma, como razón práctica, o como la voluntad de un ser racional, es libre; es decir, la voluntad de este ser sólo puede ser voluntad propia bajo la idea de la libertad, por lo que, con un propósito práctico, tiene que[7] atribuirse a todos los seres racionales.

DEL INTERÉS INHERENTE A LAS IDEAS DE LA MORALIDAD

Hemos reducido el concepto determinado de la moralidad en última instancia a la idea de la libertad; pero esta no pudimos probarla como algo efectivamente real ni siquiera

---

lo tomo sólo para no tener que verme en la obligación de probar la libertad también con un propósito teórico. Pues incluso si se deja esto sin resolver, las mismas leyes que obligarían a un ser que fuese efectivamente libre siguen teniendo validez también para un ser que no puede obrar más que bajo la idea de su propia libertad. Por lo tanto, aquí podemos liberarnos del peso que oprime a la teoría [N de Kant].

---

[7] En el original: «*und muß also in praktischer Absicht allen vernüftigen Wesen beigelegt werden*». En la medida en que Kant no dice «*und sie muß*», lo cual nos obligaría a leer la declaración más plausible de que es la libertad lo que tiene que ser atribuido a todo ser racional, la mera expresión lingüística contiene cierta ambigüedad y lleva más bien a leer que el objeto atribuido no es la liberad, sino «la voluntad de este ser». De cualquier modo, conservamos la ambigüedad en esta traducción.

en nosotros mismos o en la naturaleza humana; | vimos sólo 449 que tenemos que presuponerla si queremos pensar en un ser como racional y dotado de conciencia de su causalidad relativa a las acciones, es decir, como dotado de una voluntad, y así nos encontramos con que, justamente por las mismas razones, hemos de atribuir a todo ser dotado de razón y de voluntad esta propiedad de determinarse a obrar bajo la idea de su propia libertad.

Pero de la presuposición de estas ideas emana también la conciencia de una ley de obrar: que los principios subjetivos de las acciones, es decir, las máximas, siempre deben tomarse de modo que también sean válidos en un sentido objetivo, es decir, universalmente como principios, que puedan servir por tanto para nuestra propia legislación universal. Pero ¿por qué debo estar sometido a este principio, a saber, en tanto que ser racional como tal, y, por lo tanto, también, por esto, deben estarlo todos los demás seres dotados de razón? Puedo conceder que ningún interés me *impele* a ello, porque entonces esto no daría lugar a ningún imperativo categórico; pero aun así necesariamente tengo que *tomar* un interés en ello y comprender cómo sucede eso; pues este deber-ser es propiamente un querer que vale para todo ser racional bajo la condición de que en este la razón fuese práctica sin obstáculos; pero para seres que, como nosotros, también son afectados a través de la sensibilidad, por motores de especie diferente, seres en los que no siempre ocurre lo que la razón haría por sí sola, esa necesidad de la acción significa sólo un deber-ser y la necesidad subjetiva se diferencia de la objetiva.

Por consiguiente, parece como si en la idea de la libertad propiamente sólo presupusiéramos la ley moral, a saber, el principio mismo de la autonomía de la voluntad, y no pudiésemos probar por sí mismas su realidad ni su necesidad objetiva, y lo cierto es que entonces habríamos obtenido algo muy notable, al haber determinado al menos el auténtico principio con más exactitud de la que acaso se habría logrado nunca de otra manera, pero nada habríamos avanzado en lo que respecta a su validez ni a la necesidad práctica de so-

450 meterse a él; pues | no podríamos darle una respuesta satisfactoria a quien nos preguntase por qué la validez universal de nuestra máxima, como una ley, tendría acaso que ser la condición restrictiva de nuestras acciones, y en qué fundamos el valor que atribuimos a esta manera específica de obrar, un valor que ha de ser tan grande que en ningún lado puede haber un interés superior, y cómo es que el ser humano sólo así cree sentir su valor personal, frente al cual el estado agradable o desagradable de uno cabe ser tenido como algo sin importancia.

Ciertamente, descubrimos que podemos tomar un interés en una constitución personal[8] que en absoluto conlleva un interés en un estado, solo con que esta constitución nos capacite para ser partícipes de ese estado en el caso de que la razón hubiese de efectuar la administración de este; es decir, descubrimos que puede interesar por sí mismo el mero ser digno de ser feliz, incluso sin la motivación de llegar a participar de esta felicidad: sin embargo, este juicio es de hecho sólo el efecto de haber presupuesto ya la importancia de las leyes morales (si, por la idea de la libertad, nos apartamos de todo interés empírico), pero de esta manera aún no podemos comprender que debamos apartarnos de este interés empírico –es decir, considerarnos como libres en el obrar, y aun así tenernos por sometidos a ciertas leyes– para hallar un valor meramente en nuestra persona, el cual pueda reparar toda la pérdida de lo que le aporta valor a nuestro estado, ni tampoco podemos inteligir cómo esto sea posible: por lo tanto, no podemos inteligir *a qué se debe que la moral oblige.*

Se pone de manifiesto aquí que hay que admitir abiertamente una especie de círculo del que, al parecer, no es posi-

---

[8] En el original, *«einer persönlichen Beschaffenheit»;* en este contexto también podría traducirse como «cualidad» o «característica».

ble escapar. Asumimos de nosotros mismos que somos libres en el orden de las causas eficientes, para pensarnos bajo leyes morales en el orden de los fines, y después nos pensamos como sometidos a estas leyes porque nos hemos atribuido la libertad de la voluntad; porque la libertad y la propia legislación de la voluntad son ambas autonomía y, por lo tanto, conceptos intercambiables, pero justamente por esto no puede usarse uno para elucidar el otro ni para aducir su fundamento, sino a lo sumo sólo para, con un propósito lógico, reducir a un único concepto representaciones aparentemente diferentes del mismo objeto (tal como son reducidas a la mínima expresión diferentes fracciones de igual contenido).

No obstante, aún nos queda una salida, a saber, la de investigar si, cuando nos pensamos mediante la libertad como causas eficientes *a priori,* no estamos adoptando un punto de vista diferente a cuando nos representamos a nosotros, de acuerdo con nuestras acciones, como efectos que vemos ante nuestros ojos.

Hay una observación que puede hacerse sin necesidad precisamente de una sutil meditación, sino que cabe asumir que puede hacerla el entendimiento más común, aunque sea a su manera, mediante un oscuro | discernimiento del Juicio 451 que él[9] llama sentimiento, a saber: que todas las representaciones que nos llegan sin nuestro arbitrio (como las de los sentidos) nos dan a conocer los objetos meramente tal como estos nos afectan, por lo cual permanece desconocido para nosotros qué puedan ser en sí mismos; y, por lo tanto, que en lo concerniente a esta especie de representaciones, a través de ellas –ni siquiera con el mayor esfuerzo de la atención ni con la distinción que el entendimiento pueda añadir– sólo podemos alcanzar un conocimiento de *fenómenos,* pero nunca de *cosas en sí mismas.* Entonces, tan pronto como se ha establecido esta diferenciación (en todo caso meramente por

---

[9] Entiéndase: «que el entendimiento más común llama sentimiento».

la diferencia señalada entre las representaciones que se nos dan de otro lado, en las cuales somos pasivos, y las representaciones que producimos únicamente a partir de nosotros mismos, en las cuales damos prueba de nuestra actividad), se sigue por sí mismo que tras los fenómenos tiene en efecto que admitirse y suponerse además algo otro que no es fenómeno, a saber, las cosas en sí mismas, aun cuando nos demos por satisfechos por nosotros mismos con no poder aproximarnos a ellas ni saber qué sean en sí mismas, dado que nunca pueden ser conocidas por nosotros, sino siempre sólo tal como ellas nos afectan. Esto tiene que dar lugar a una diferenciación, aunque tosca, entre un *mundo de los sentidos* y un *mundo del entendimiento*, de los cuales el primero también puede ser muy diferente según la diferencia de la sensibilidad entre los diversos espectadores del mundo, mientras que el segundo, que reside como fundamento del primero, permanece siempre el mismo. El ser humano no puede arrogarse que conoce tal como es en sí mismo ni siquiera a él mismo, a saber, de acuerdo con el conocimiento que tiene de sí por la sensación interna. Pues, como, en efecto, él no se crea a sí mismo, por así decirlo, ni obtiene *a priori* su concepto, sino empíricamente, es natural que sólo pueda recabar información también de sí por medio del sentido interno y, por consiguiente, sólo por medio del fenómeno de su naturaleza y del modo específico como su conciencia es afectada; sin embargo, más allá de esta constitución de su sujeto, compuesta por meros fenómenos, necesariamente tiene que suponer además algo otro que reside como fundamento, a saber, su *yo*, sea como fuere que este haya de estar constituido en sí mismo; y, por tanto, tiene que contarse, en lo que respecta a la mera percepción y la receptividad de las sensaciones, como perteneciente al *mundo de los sentidos*, pero en relación con lo que haya de ser actividad pura en él (en relación con aquello que no alcanza a la conciencia a través de la afección de los sentidos, sino inmediatamente), tiene que contarse como perteneciente al *mundo intelectual,* del que sin embargo no tiene más conocimiento.

Un ser humano que medita tiene que | dictar una conclu-   452
sión de esta índole acerca de todas las cosas que se le hayan de ofrecer; es de presumir que esta también se encontrará en el entendimiento más común, que, como se sabe, está fuertemente inclinado a esperar que tras los objetos de los sentidos haya además algo invisible, activo por sí mismo, lo cual a su vez es echado a perder por él tan pronto como se apresura a volver a sensibilizar esto invisible, es decir, al pretender convertirlo en objeto de la intuición, con lo cual no se hace más prudente en ningún grado.

Pues bien, el ser humano halla en sí efectivamente una facultad por la cual él se diferencia de todas las demás cosas, y hasta de sí mismo en tanto que afectado por objetos, y esta facultad es la *razón.* Esta, como espontaneidad pura, se eleva incluso por encima del *entendimiento* en lo que sigue: aunque este es también espontaneidad y no contiene, como el sentido, meramente representaciones que sólo surgen cuando se es afectado por cosas (por lo tanto, de manera pasiva), sin embargo, a partir de su actividad no puede producir más conceptos que los que sólo sirven para *llevar a reglas las representaciones sensibles* y, a través de esto, para reunirlas en una conciencia, un uso de la sensibilidad sin el cual él no pensaría nada en absoluto; mientras que la razón, en cambio, bajo el nombre de las ideas, muestra una espontaneidad tan pura, que él va así mucho más allá de lo que la sensibilidad puede suministrarle, y la razón prueba así su más noble tarea, al diferenciar entre sí el mundo de los sentidos y el mundo del entendimiento, pero delineándole así sus límites al entendimiento mismo.

En virtud de esto, un ser racional tiene que considerarse a sí mismo, *como inteligencia* (por lo tanto, no del lado de sus fuerzas inferiores), no como perteneciente al mundo de los sentidos, sino al mundo del entendimiento; por lo tanto, él tiene dos puntos de vista desde los que puede considerarse a sí mismo y conocer leyes del uso de sus fuerzas, por consiguiente de todas sus acciones: *en primer lugar,* en tanto que pertenece al mundo de los sentidos, bajo leyes de la naturaleza (heteronomía); *en segundo lugar,* en tanto que perteneciente al mundo inteligible, bajo leyes que, con independencia de la naturaleza, no son empíricas, sino que tienen su fundamento en la razón.

Como un ser racional, es decir, perteneciente al mundo inteligible, el ser humano nunca puede pensar la causalidad de su propia voluntad más que bajo la idea de la libertad; pues la independencia con respecto a las causas determinantes del mundo de los sentidos (como la que la razón ha de atribuirse siempre a sí misma) es libertad. Ahora bien, a la idea de la libertad se encuentra inseparablemente ligado el concepto de *autonomía,* y a este, el principio universal de la moralidad, que | en la idea reside como fundamento de todas las acciones propias de seres *racionales,* tal como la ley de la naturaleza es fundamento de todos los fenómenos.

Queda ahora despejada la sospecha que antes suscitábamos de que en nuestra inferencia desde la libertad a la autonomía, y desde esta a la ley moral, estuviese contenido secretamente un círculo, a saber, de que quizás habíamos puesto como fundamento la idea de la libertad sólo a causa de la ley moral, para después inferir a la vez esta desde la libertad, por lo que no podríamos en absoluto aducir un fundamento de la ley moral, sino establecerlo sólo como petición de un principio que las almas bienintencionadas bien pueden querer concedernos, pero que nunca podríamos establecer como una proposición demostrable. Pues ahora vemos que, si pensamos en nosotros como libres, entonces nos situamos como miembros en el mundo del entendimiento y reconocemos la autonomía de la voluntad, junto con su consecuencia, la moralidad; pero si pensamos en nosotros como sometidos al deber, entonces nos consideramos como pertenecientes al mundo de los sentidos y, sin embargo, a la vez, al mundo del entendimiento.

¿CÓMO ES POSIBLE UN IMPERATIVO CATEGÓRICO?

El ser racional se cuenta a sí mismo, como inteligencia, en el mundo del entendimiento, y llama *voluntad* a su causalidad, meramente en tanto que una causa eficiente perteneciente a este mundo del entendimiento. Por otro lado, es consciente de sí mismo también como una pieza del mundo de los sentidos, en el que tienen lugar sus acciones como meros fenómenos de aquella causalidad; pero la posibilidad de esas acciones no puede ser inteligida a partir de esta causalidad, que no conocemos, sino que en lugar de eso ellas, como pertenecientes al mundo de los sentidos, tienen que ser inteligidas como determinadas por otros fenómenos, a saber, deseos e inclinaciones. Como mero miembro del mundo del entendimiento, por lo tanto, todas mis acciones serían perfectamente conformes al principio de la autonomía de la voluntad pura; como acciones de una mera pieza del mundo de los sentidos, ellas tendrían que tomarse como enteramente conformes a la ley natural de los deseos y las inclinaciones, por lo tanto, a la heteronomía de la naturaleza. (Las primeras se basarían en el principio supremo de la moralidad; las segundas, en el de la felicidad). Pero como *el mundo del entendimiento contiene el fundamento del mundo de los sentidos, y con ello también de las leyes de este,* y es por consiguiente inmediatamente legislador en lo que respecta a mi voluntad (la cual pertenece por entero al mundo del entendimiento), y por lo tanto también tiene que ser pensado como tal, entonces, | me reconoceré –como inteligencia que soy, aunque, 454 por otro lado, como un ser perteneciente al mundo de los sentidos–, aun así como sometido a la ley del mundo del entendimiento, es decir, a la razón[10], la cual contiene la ley del mundo del entendimiento en la idea de la libertad, y, por lo tanto, me reconoceré como sometido a la autonomía de la

---

[10] También podría leerse «es decir, a la ley de la razón» o «es decir, a la ley del mundo de la razón».

voluntad; por consiguiente, tendré que considerar que las leyes del mundo del entendimiento son para mí imperativos, y las acciones conformes a este principio, deberes.

Y así son posibles los imperativos categóricos: porque la idea de la libertad hace de mí un miembro del mundo inteligible, por lo cual, si yo fuera sólo eso, todas mis acciones *serían* conformes siempre a la autonomía de la voluntad; pero como a la vez me intuyo como miembro del mundo de los sentidos, estas acciones *deben* ser conformes a ella; y este deber-ser *categórico* representa una proposición sintética *a priori*, en tanto que a mi voluntad afectada por deseos sensibles añade además la idea de esta misma voluntad, pero perteneciente al mundo del entendimiento, pura y práctica por sí misma, la cual contiene la condición suprema de la primera de acuerdo con la razón –aproximadamente, tal como a las intuiciones del mundo de los sentidos se les añaden conceptos del entendimiento, los cuales por sí mismos no significan más que la forma de la ley como tal, y de este modo estos hacen posible proposiciones sintéticas *a priori*, en las que se basan todos los conocimientos de una naturaleza–.

El uso práctico de la razón humana común confirma la corrección de esta deducción. No hay nadie, ni siquiera el peor malvado, con tal de que esté habituado a usar la razón, a quien se le presentan ejemplos de lealtad en los propósitos, de constancia en el seguimiento de las buenas máximas, de implicación y de benevolencia general (e incluso cuando suponen grandes sacrificios del provecho y de la comodidad), y que no anhele poder ser él también así de bienintencionado. Si no puede lograrlo sin más, es sólo por sus inclinaciones e impulsos, por lo cual anhela sin embargo estar libre de tales inclinaciones tan molestas para él mismo. Por lo tanto, él prueba con esto que, con una voluntad libre de los impulsos de la sensibilidad, se traslada con el pensamiento a un orden de cosas muy diferente al de sus deseos en el campo de la sensibilidad; porque de ese anhelo él no puede esperar una satisfacción de los deseos ni, por lo tanto, ningún estado que satisfaga cualquiera de sus inclinaciones efectivas o al menos imaginables (pues entonces se perdería incluso la excelencia de la idea misma que le suscita ese deseo), sino sólo un mayor valor intrínseco de su persona. Pero él | cree ser esa mejor persona cuando se traslada al punto 455 de vista de un miembro del mundo del entendimiento, a lo cual lo constriñe involuntariamente la idea de la libertad, es decir, la independencia con respecto a causas *determinantes* del mundo de los sentidos; y desde este punto de vista es consciente de una buena voluntad que, tal como él mismo reconoce, constituye la ley para su mala voluntad como miembro del mundo de los sentidos, ley cuya autoridad conoce al transgredirla. Por lo tanto, el deber-ser moral es el del querer propio y necesario como un miembro del mundo inteligible, que él sólo piensa como un deber-ser en tanto que se considera a la vez como un miembro del mundo de los sentidos.

De los límites extremos de toda filosofía práctica

Todos los seres humanos se piensan a sí mismos como libres en lo que respecta a su voluntad. A ello debemos todos los juicios acerca de aquellas acciones que, como tales, *debían haber ocurrido,* aunque no *hayan ocurrido.* No obstante, esta libertad no es un concepto empírico, ni tampoco puede serlo, porque siempre permanece, aunque la experiencia muestre lo contrario de las exigencias que son representadas como necesarias cuando se la presupone. Por otro lado, es igualmente necesario que todo lo que ocurre se encuentre indefectiblemente determinado de acuerdo con leyes de la naturaleza, y esta necesidad natural no es tampoco un concepto empírico, precisamente porque lleva consigo el concepto de la necesidad, y por lo tanto de un conocimiento *a priori*. Pero este concepto de una naturaleza se confirma por la experiencia y él mismo debe ser presupuesto inevitablemente si la experiencia –es decir, el conocimiento de objetos de los sentidos interconectado de acuerdo con leyes universales– ha de ser posible. De ahí que la libertad sea sólo una *idea* de la razón, cuya realidad objetiva es en sí dudosa, mientras que la naturaleza es un *concepto del entendimiento* que prueba, y necesariamente tiene que probar, su realidad con ejemplos de la experiencia.

Ciertamente, surge de aquí una dialéctica de la razón, pues la libertad que se le adscribe a la voluntad parece contradecir la necesidad natural y, en esta bifurcación, la razón con un *propósito especulativo* encuentra el camino de la necesidad natural mucho más allanado y útil que el de la libertad; sin embargo, con un *propósito práctico,* el sendero a pie 456 de la libertad es el único en el que es posible | hacer uso de la propia razón en lo que respecta a la acción y la omisión. De ahí que a la filosofía más sutil le resulte tan imposible como a la razón humana más común dejar atrás la libertad por medio de razonamientos sofísticos. Más bien, esta[11] debe presuponer, en efecto, que no hay una verdadera contradicción entre la libertad y la necesidad natural de las mismas acciones humanas, pues no puede abandonar el concepto de la naturaleza, como tampoco el de la libertad.

Sin embargo, esta aparente contradicción tiene que eliminarse al menos de un modo convincente, aun cuando no se podría comprender nunca cómo sea posible la libertad. Pues tan sólo con que el pensamiento de la libertad se contradijese a sí mismo, o a la naturaleza, que es igualmente necesaria, ella tendría que suprimirse completamente en favor de la necesidad natural.

Pero es imposible eludir esta contradicción si el sujeto que se piensa libre, se piensa a sí mismo *en el mismo sentido* o justamente *en el mismo respecto* cuando se llama a sí mismo libre y cuando se toma a sí mismo como sometido a la ley de la naturaleza en lo que respecta a la misma acción.

---

[11] Entiéndase «la razón humana más común debe presuponer».

Por eso, es una labor impostergable de la filosofía especulativa mostrar al menos que su engaño debido a la contradicción se basa en que pensamos al ser humano en un sentido y en una relación diferentes cuando lo llamamos libre y cuando lo tenemos por sometido a las leyes de la naturaleza, como una pieza de esta, y que ambos sentidos, no sólo *pueden* coexistir bien, sino que también tienen que pensarse *como necesariamente unificados* en el mismo sujeto, porque de lo contrario no podría aducirse ningún fundamento de por qué habríamos de incomodar a la razón con una idea que, aunque pudiese ser unificada *sin contradicción* con otra suficientemente acreditada, aún así nos enredase en una empresa a través de la cual la razón en su uso teórico habría sido puesta en un buen aprieto. Pero este deber le incumbe a la razón especulativa sólo para allanarle el camino a la filosofía práctica. Por lo tanto, no depende de la discreción del filósofo si quiere suprimir el aparente conflicto o prefiere más bien dejarlo intacto; pues en el último caso la teoría sobre esto es un *bonum vacans*[12], del cual el fatalismo bien puede tomar posesión con fundamento y expulsar toda moral de esta pretendida propiedad, que ella habría ocupado sin ningún título.

Sin embargo, no puede decirse todavía que aquí comience el límite de la filosofía práctica. Pues este arreglo del conflicto no le corresponde en absoluto a ella, sino que esta sólo exige a la razón especulativa que | ponga fin a la desunión 457 en que se enreda ella misma en cuestiones teóricas, para que la razón práctica tenga paz y seguridad frente a ataques externos, que pudiesen disputarle el territorio sobre el que ella quiere edificar.

Pero la pretensión de este derecho –incluso por parte de la razón humana común– a la libertad de la voluntad se funda en la conciencia y en la admitida presuposición de la independencia de la razón con respecto a causas determi-

---

[12] En latín en el original: «un bien sin poseedor».

nantes[13] en un sentido subjetivo, que en su conjunto constituyen lo que pertenece meramente a la sensación y, por lo tanto, se denomina generalmente como sensibilidad. El ser humano, que de este modo se considera como inteligencia, se sitúa así en un orden de cosas diferente y en una relación hacia fundamentos determinantes de una especie completamente diferente, cuando se piensa a sí mismo como inteligencia con una voluntad, por consiguiente, dotado de causalidad, y cuando se percibe a sí mismo como un fenómeno[14] en el mundo de los sentidos (que él también es efectivamente) y somete su causalidad a leyes de la naturaleza de acuerdo con una determinación externa. Ahora bien, pronto se percata de que ambas cosas pueden tener lugar a la vez, y que de hecho así tiene que ser. Pues no contiene la más mínima contradicción que una *cosa en el fenómeno* (perteneciente al mundo de los sentidos) esté sometida a ciertas leyes de las que precisamente eso mismo es independiente como *cosa* o ser *en sí mismo;* pero que él tenga que representarse y pensarse de estas dos maneras se basa, en el primer caso, en la conciencia de sí mismo como un objeto afectado por los sentidos, y en cuanto a lo segundo, en la conciencia de sí mismo como inteligencia, es decir, como independiente de las impresiones sensibles en el uso de la razón (por lo tanto, como perteneciente al mundo del entendimiento).

A esto se debe que el ser humano se arrogue una voluntad que no halla en su cuenta nada perteneciente a sus deseos e inclinaciones, y que por el contrario piense acciones como posibles, e incluso como necesarias, a través de sí mismo, las cuales sólo pueden ocurrir en menoscabo de todos los deseos y de incitaciones sensibles. La causalidad de tales acciones reside en él en tanto que inteligencia y en las leyes de los efectos y las acciones de acuerdo con principios de

---

[13] Leyendo «*bestimmenden*» (Hartenstein), en lugar de «*bestimmten*» (A2), y en este último caso habría de leerse «determinadas».

[14] En el original: «*Phänomen*».

un mundo inteligible, del que en efecto sólo sabe que en él únicamente la razón –a saber, razón pura, independiente de la sensibilidad– da la ley; igualmente, como en este mismo mundo él es, precisamente en cuanto inteligencia, el verdadero *sí mismo* (mientras que, como ser humano, sólo es fenómeno de sí mismo), estas leyes le incumben inmediata y categóricamente, de manera que aquello a que lo incitan las inclinaciones y los impulsos (por lo tanto, toda la naturaleza del mundo de los sentidos) | no puede hacerle que- 458
branto a las leyes de su querer como inteligencia, de modo incluso que él no es responsable de estas inclinaciones e impulsos ni los atribuye a su verdadero *sí mismo,* es decir, a su voluntad, pero sí es responsable de la indulgencia que pueda tener hacia ellos, si les concediese influjo sobre sus máximas, en perjuicio de las leyes racionales de la voluntad.

La razón práctica no transgrede en absoluto sus propios límites por *pensarse* en un mundo del entendimiento, pero sí lo haría, en efecto, si pretendiese *intuirse o tener una sensación de sí misma en ese mundo.* Lo primero es sólo un pensamiento negativo en lo que respecta al mundo de los sentidos –que no le da ninguna ley a la razón para la determinación de la voluntad– y sólo es positivo en este único punto: que esa libertad, como determinación negativa, se encuentre enlazada a la vez con una facultad (positiva) –e incluso con una causalidad de la razón, que llamamos voluntad– de obrar de tal modo que el principio de las acciones sea conforme con la constitución esencial de una causa racional, es decir, con la condición de la validez universal de la máxima como una ley. Pero si la razón además sacara del mundo del entendimiento un *objeto de la voluntad,* es decir, un móvil, entonces transgrediría sus límites y se arrogaría el conocer algo de lo que no sabe nada. Por consiguiente, el concepto de un mundo del entendimiento es sólo un *punto de vista* que la razón se ve constreñida a tomar fuera de los fenómenos *para pensarse a sí misma como práctica,* lo cual no sería posible si los influjos de la sensibilidad fuesen determinantes para el ser humano, y es hasta necesario, a no ser que haya de negársele la conciencia de sí mismo, como inteligencia, y por tanto como una causa racional que es activa mediante la razón, es decir, libremente eficiente. Naturalmente, este pensamiento da lugar a la idea de un orden y una legislación diferentes de los del mecanismo de la naturaleza que se aplica al mundo de los sentidos, y convierte en necesario el concepto de un mundo inteligible (es decir, el todo de seres racionales, como cosas en sí mismas), pero sin la más mínima arrogación de pensarlo nada más que según su condición *formal,* es decir, en conformidad con la universalidad de la máxima de la voluntad, como ley, por lo tanto con la autonomía de la voluntad, que sólo puede subsistir con la libertad de esta; mientras que, por el contrario, todas las leyes que se determinan por su referencia a un objeto, dan heteronomía, que sólo puede encontrarse en leyes de la naturaleza y que también sólo se aplica al mundo de los sentidos.

Pero la razón transgrediría todos sus límites si emprendiera la tarea de *elucidar* cómo la razón pura | pueda ser práctica, un problema que es por entero idéntico al de elucidar *cómo sea posible la libertad.*

Pues no podemos elucidar nada más que lo que podemos reducir a leyes cuyo objeto pueda darse en alguna experiencia posible. Pero la libertad es una mera idea, cuya realidad objetiva no puede explicarse de acuerdo con leyes de la naturaleza, y, por lo tanto, con alguna experiencia posible, y que nunca puede comprenderse ni tan siquiera inteligirse, porque a ella misma nunca se la puede hacer depender de un ejemplo, de acuerdo con alguna analogía. Ella vale sólo como presuposición necesaria de la razón en un ser que cree ser consciente de una voluntad, es decir, de una facultad diferente (a saber, la facultad de determinarse a obrar en tanto que inteligencia, es decir, de acuerdo con leyes de la razón, con independencia de los instintos naturales) de la mera facultad de desear. Pero allí donde cesa la determinación de acuerdo con leyes de la naturaleza, allí cesa también toda *elucidación,* y no queda nada más que la *defensa,* es decir, el rechazo de las objeciones de quienes pretenden haber mirado en la esencia de las cosas con más profundidad y, por eso, osan declarar la imposibilidad de la libertad. A ellos sólo se les puede mostrar que la contradicción en ella que supuestamente han descubierto no consiste más que en lo siguiente: en que para hacer que la ley de la naturaleza valga para las acciones humanas, necesariamente tenían que considerar al ser humano como fenómeno, y ahora que se exige de ellos que, como inteligencia, lo hayan de pensar también como cosa en sí misma, también entonces lo siguen pensando sólo como fenómeno; pero entonces es obvio que sería contradictorio separar la causalidad de él (es decir, de su voluntad) con respecto a todas las leyes de la naturaleza del mundo de los sentidos en uno y el mismo sujeto, lo cual sin embargo deja de ocurrir si quisieran recapacitar y, como es justo, conceder que detrás de los fenómenos deben residir en efecto como fundamento las cosas en sí mismas (si bien ocultas), aunque no podemos esperar que las leyes por las que estas operan sean las mismas que aquellas bajo las cuales se hallan sus fenómenos.

La imposibilidad subjetiva de *elucidar* la libertad de la voluntad | es una y la misma que la imposibilidad de encontrar 460 y hacer comprensible un *interés** que el ser humano pudiera

---

* El interés es aquello por lo cual la razón se hace práctica, es decir, aquello por lo cual la razón se hace una causa determinante de la voluntad. De ahí que sólo de un ser racional se diga que toma interés en algo, pues las criaturas carentes de razón sienten sólo impulsos sensibles. | La razón 460 toma un interés inmediato en la acción sólo cuando la universal validez de la máxima de esta acción es un fundamento suficiente de determinación de la voluntad. Sólo un interés tal es puro. Pero si la razón sólo puede determinar la voluntad por mediación de un objeto diferente del deseo, o bajo el presupuesto de un sentimiento especial del sujeto, entonces la razón toma sólo un interés mediato en la acción, y como la razón por sí sola, sin la experiencia, no puede hallar ni objetos de la voluntad ni un sentimiento especial que resida como fundamento de la voluntad, el último interés sería así sólo empírico, pero no un interés puro de la razón. El interés lógico de la razón (en promover sus intelecciones) nunca es inmediato, sino que presupone propósitos del uso de la razón [N. de Kant].

tomar en las leyes morales; y sin embargo él toma efectivamente un interés en ellas, cuyo fundamento en nosotros llamamos sentimiento moral, que falsamente lo dan algunos como el patrón de medida de nuestro enjuiciamiento moral, cuando más bien debe considerarse como el *efecto* subjetivo que la ley ejerce sobre la voluntad, para lo cual sólo la razón da los fundamentos objetivos.

Para querer aquello para lo que únicamente la razón prescribe el deber-ser al ser racional sensiblemente afectado, se necesita desde luego una facultad de la razón de *infundir* un *sentimiento de placer* o de complacencia en el cumplimiento del deber, por lo tanto una causalidad de la razón por la que esta determina la sensibilidad en conformidad con los principios de ella. Pero es completamente imposible inteligir, es decir, hacer comprensible *a priori,* cómo un mero pensamiento, que no contiene él mismo en sí nada que sea sensible, produce una sensación de placer o displacer; pues esta es una especie particular de causalidad de la que, como de toda causalidad, nada podemos determinar *a priori,* sino que acerca de ella hemos de interrogar sólo a la experiencia. Pero dado que esta no puede suministrar una relación de la causa al efecto sino entre dos objetos de experiencia, pero aquí la razón pura ha de ser la causa, por meras ideas (que no proporcionan ningún objeto para la experiencia), de un efecto que obviamente reside en la experiencia, entonces es completamente imposible para nosotros, los seres humanos, la elucidación de cómo y por qué nos *interesa* la *universalidad de la máxima como ley,* y, por lo tanto, la moralidad. Hasta ahora lo únicamente cierto es lo siguiente: no es que la ley tenga validez para nosotros *porque interesa* (pues esto es heteronomía y dependencia de la razón práctica con respecto a la 461 sensibilidad, | es decir, con respecto a un sentimiento que reside como fundamento, y entonces la razón nunca podría ser legisladora), sino que interesa porque vale para nosotros como seres humanos, dado que surge de nuestra voluntad como inteligencia y, por lo tanto, de nuestro verdadero *sí mismo; pero lo que pertenece al mero fenómeno la razón lo subordina necesariamente a la constitución de la cosa en sí misma.*

Por lo tanto, la cuestión de cómo sea posible un imperativo categórico puede ser respondida, ciertamente, en tanto que pueda indicarse la única presuposición bajo la cual él es posible, a saber, la idea de la libertad, y asimismo en tanto que pueda inteligirse la necesidad de esta presuposición, que es suficiente para el *uso práctico* de la razón, es decir, para convencerse de la *validez de este imperativo*, y, por lo tanto, también de la validez de la ley moral; pero cómo sea posible esta presuposición misma, es algo que jamás podrá ser inteligido por ninguna razón humana. Pero bajo la presuposición de la libertad de la voluntad de una inteligencia, la *autonomía* de esta voluntad es una consecuencia necesaria, como la condición formal sólo bajo la cual esta puede ser determinada. El presuponer esta libertad de la voluntad (sin incurrir en contradicción con el principio de la necesidad natural en la conexión de los fenómenos del mundo de los sentidos) es también, no sólo perfectamente *posible* (tal como puede mostrar la filosofía especulativa), sino que también, sin ninguna condición adicional, es *necesario* suponerla en un sentido práctico, es decir, en la idea de todas sus acciones arbitrarias, como condición de estas. Ahora bien, toda razón humana carece por completo de la facultad de elucidar *cómo* es que la razón pura, sin ningún otro motor que pueda tomarse de algún otro lado, pueda ser práctica por sí misma, es decir, cómo el mero *principio de la validez universal de todas sus máximas como leyes* (que sería sin duda la forma de una razón práctica pura), sin materia alguna (objeto) de la voluntad en la que previamente pueda tomarse un interés, pueda él mismo proporcionar un motor y efectuar un interés que se llamaría puramente *moral*, o dicho de otro modo: *cómo la razón pura pueda ser práctica*; y son vanos todos los esfuerzos y trabajos encaminados a encontrar una *elucidación* de esto.

Es justamente lo mismo que si yo intentase profundizar en cómo la libertad misma es posible como causalidad de una voluntad. Pues entonces abandono el fundamento explicati-

462 vo de la filosofía | y ya no tengo ningún otro. Ciertamente, podría divagar ahora en el mundo inteligible que aún me queda, es decir, en el mundo de las inteligencias; pero, aunque yo tenga una *idea* de este, la cual tiene un buen fundamento, no tengo el más mínimo *conocimiento*[15] de él, ni tampoco puedo alcanzarlo jamás ni con todos los esfuerzos de mi facultad natural de la razón. Significa sólo un *algo*[16] que todavía me queda cuando, de los fundamentos de determinación de mi voluntad, he excluido todo lo que pertenece al mundo de los sentidos, meramente para restringir el principio de los móviles procedentes del territorio de la sensibilidad, delimitándolo y mostrando que este no comprende en sí el todo en todos los respectos[17], sino que aparte de ello hay algo más: pero de este *algo más* ya no conozco nada más. De la razón pura que piensa este ideal, tras separar de ella toda la materia, es decir, el conocimiento de los objetos, no me queda nada más para pensar que la forma, a saber, la ley práctica de la validez universal de las máximas y, en conformidad con esta ley, la razón por su referencia a un mundo puro del entendimiento, como causa eficiente posible, es decir, como determinante de la voluntad. Aquí el motor debe faltar por completo, y entonces esta idea de un mundo inteligible sería ella misma el motor, o aquello en lo que la razón toma originalmente un interés; pero hacer esto comprensible es precisamente el problema que no podemos resolver.

He aquí el límite supremo de toda indagación moral, y el determinarlo es por eso también de gran importancia; por un lado, para que la razón no ande buscando por todos lados en el mundo de los sentidos el móvil supremo y un interés comprensible, pero empírico, de una manera dañina para las

---

[15] En el original: «*Kenntnis*».

[16] En el original: «*ein Etwas*», con mayúscula y sin cursiva. Empleamos aquí esta fórmula para expresar la misma sustantivación presente en el original.

[17] En el original: «*Alles in Allem*».

costumbres; pero, por otro lado, para que la razón no bata impotente sus alas en el espacio –vacío para ella– de los conceptos trascendentes, con el nombre del mundo inteligible, sin moverse del sitio y perdiéndose en fantasías. Por lo demás, la idea de un mundo puro del entendimiento, como el conjunto de todas las inteligencias, al que pertenecemos nosotros mismos como seres racionales (aunque, por otro lado, a la vez seamos miembros del mundo de los sentidos), sigue siendo una idea útil y permisible para una fe racional –aun cuando todo saber encuentre su final en el límite de esta idea[18]–, para | efectuar en nosotros un vivo interés en la ley 463 moral por medio del magnífico ideal de un reino universal de *fines en sí mismos* (de seres racionales), del que sólo podemos formar parte si, con esmero, nos comportamos de acuerdo con máximas de la libertad como si fuesen leyes de la naturaleza.

OBSERVACIÓN FINAL

El uso especulativo de la razón, *en lo que respecta a la naturaleza*, lleva a la necesidad absoluta de alguna causa suprema *del mundo*; el uso práctico de la razón, *en lo que respecta a la libertad*, lleva también a la necesidad absoluta, pero sólo *de las leyes de las acciones* de un ser racional en cuanto tal. Pues bien, es un *principio* esencial de todo uso de nuestra razón el impulsar su conocimiento hasta la conciencia de su *necesidad* (pues a falta de esta no sería conocimiento de la razón). Pero es también una restricción de esta misma razón, que le es igualmente esencial, el no poder inteligir la *necesidad* de lo que existe, o de lo que ocurre, ni tampoco de lo que debe ocurrir, si no se pone una *condición* como fundamento de lo que existe, u ocurre, o debe ocurrir. Pero de esta manera, por

---

[18] También podría entenderse «encuentre su final en el límite de este mundo».

el incesante requerimiento de la condición, la satisfacción de la razón siempre queda postergada. Por eso ella busca sin descanso lo incondicionadamente necesario y se ve constreñida a asumirlo, sin ningún medio de hacerlo comprensible para sí, y es lo suficientemente feliz con tal de que pueda encontrar el concepto que sea compatible con esta presuposición. Por consiguiente, no es una censura contra nuestra deducción del principio supremo de la moralidad, sino un reproche que se tendría que hacer contra la razón humana como tal, el que esta no pueda hacer comprensible la necesidad absoluta de una ley práctica incondicionada (tal como tiene que ser el imperativo categórico); pues, que no quiera hacerlo por medio de una condición, a saber, por mediación de algún interés puesto como fundamento, es algo que no se le puede reprochar, porque entonces no sería una ley moral, es decir, una ley suprema de la libertad. Así pues, aunque no comprendamos la necesidad práctica incondicionada del imperativo moral, sí comprendemos su *incomprensibilidad,* que es todo lo que con justicia se le puede exigir a una filosofía que, en sus principios, aspira a llegar hasta los límites de la razón humana.

ÍNDICE ONOMÁSTICO

ÍNDICE ANALÍTICO

ÍNDICE